LEARN GEORGIAN WITH BEGINNER STORIES

ISBN: 978-1-988830-01-8

This book is published by Bermuda Word. It has been created with specialized software that produces a three line interlinear format.

Please contact us if you would like a pdf version of this book with different font, font size, or font colors and/or less words per page!

LEARN-TO-READ-FOREIGN-LANGUAGES.COM

Dear Reader and Language Learner!

You're reading the Kindle edition of Bermuda Word's interlinear and pop-up HypLern Reader App. Before you start reading Georgian, please read this explanation of our method.

Since we want you to read Georgian and to learn Georgian, our method consists primarily of word-for-word literal translations, but we add idiomatic English if this helps understanding the sentence.

For example:

დედინაცვალი   და   სამი   ქალი
stepmother   and   three   woman
[The Stepmother and the three women]

The HypLern method entails that you re-read the text until you know the high frequency words just by reading, and then mark and learn the low frequency words in your reader or practice them with our brilliant App.

Don't forget to take a look at the e-book App with integrated learning software at learn-to-read-foreign-languages.com! For more info check the last two pages of this e-book!

Thanks for your patience and enjoy the story and learning Georgian!

Kees van den End

LEARN-TO-READ-FOREIGN-LANGUAGES.COM

CONTENTS
CONTENTS

The Serpent And The Peasant

გველი	და	გლეხი
Serpent	and	peasant
(The serpent)		(the peasant)

იყო	ერთი	ბედნიერი	ხელმწიფე.	მის	სამეფოში	დიდი
There was	one	happy	king	His	kingdom-in	great
				[in his kingdom]		

თუ	პატარა,	ქალი	თუ	კაცი,	ყველა	ბედნიერი	იყო,
or	small	woman	or	man	all	happy	was
							(were)

ყველგან	სიხარული	და	ნეტარება	სუფევდა.
everywere	happiness	and	bliss	reigned.

ერთხელ	ამ	ხელმწიფემ	სიზმარი	ნახა.	სიზმარში,
Once	this	monarch	dream	saw	Dream-in
			[had a dream]		(In this dream)

იმის	სახლში	ჭერზე	კუდით	მელა	ჩამოკიდებულიყო.
his	house-in	ceiling-from	tail-by	fox	was suspended
[in his house]		(from the ceiling)	(by the tail)	(a fox)	

გამოეღვიძა,	ვერ	მიხვდა	სიზმარი	რას	ნიშავდა.
Awoke	could not	guess	dream	what	signified
(He awoke)			[what the dream meant]		

შეკრიბა	თავისი	ნაზირ-ვეზირები,	მაგრამ	ვერც	იმათ
Assembled	his	viziers	but	could not	they
(He assembled)				[they could not]	

გამოიცნეს	ეს	სიზმარი	რას	მოასწავებდა.
divine	this	dream	what	foretold
	[what this dream]			

მერე ბრძანა: "შეკრიბეთ მთელი ჩემი სახელმწიფო,
Then (he) ordered assemble together all my kingdom

ეგებ მიხვდეს ვინმეო". მესამე დღეს მთელი
perhaps will guess someone On the third day all

მისი სახელმწიფოს ხალხი სულ ხელმწიფის სასახლეში
his kingdom-of people all king's palace-in
[the people of his kingdom] [in the king's palace]

იკიბებოდა. სხვათა შორის, ერთი საწყალი გლეხიც
assembled Others among one poor peasant too
[Among them]

მიდიოდა.
came

ერთგან ერთი ბილიკი უნდა გაეარა. ბილიკის
In one place one footpath had to travel footpath
(he had to)

აქეთ-იქიდან სულ პიტალო კლდეები იყო აყურებული.
on both sides all rocky mountains were raised

იქ რომ მივიდა ის გლეხი, ნახა, ამ ბილიკზე გველი
There when arrived that peasant saw this on footpath serpent

გაწოლილა, ყელი წამოუღერებია და ენა გადმოუგდია.
lying neck stretching and tongue putting out

გლეხი რომ ახლოს მივიდა, გველმა შესძახა:
Peasant when near went (the) serpent called out
[When the peasant came closer]

გამარჯობა, სად მიდიხარ, გლეხოო? გლეხმა შესჩივლა
hello where are you going peasant peasant told
(The peasant) (spoke about)

თავისი გაჭირვება. შენ მაგისი ნუ გეშინია;
his hardships You of it do not fear

პირობა მომეცი, რომ რასაც ხელმწიფე მოგცემს,
promise give me that what king will give you
[promise me]

შუაზე გამიყოფ და გასწავლიო. გლეხს გაუხარდა,
by half will divide and will teach Peasant rejoiced
[you will share half with me] (I will teach you) (The peasant)

პირობა მისცა და ფიციც დაუდო, რომ სულ მთლად
promise gave and oath took that all entirely
(an oath)

შენ მოგიტან რასაც ხელმწიფე მიწყალობებს, ოღონდ
you (will I) bring that (the) king will give me only
[I will bring you]

ამ ხიფათს გადამარჩინეო. გველმა უთხრა: მე
this (from) danger save me serpent said me
(for me)

ნახევარიც მეყოფა, ნახევარი შენი იყოსო და
half will be enough half yours let be and
[and let half be yours]

ხელმწიფესთან რომ მიხვალ, ასე მოახსენე: მელა იმასა
to the king when you arrive so say fox this

ნიშნავს, რომ შენს სახელმწიფოში ყველგან მელობაა,
means that in your kingdom everywhere cunning
(there's cunning)

პირფერობა და მოღალატეობაო.
hypocrisy and treachery

გლეხი წავიდა ეახლა ხელმწიფეს და მოახსენა,
peasant went (he) approached king and said
(The peasant) (the king) (told him)

როგორც გველმა ასწავლა. ხელმწიფეს ძალიან
what (the) serpent taught King very much
(The king)

მოეწონა და დიდი მოწყალება უბოძა. გლეხი
liked and great gifts gave Peasant
(The peasant)

იმ გზით აღარ გამობრუნდა, რომ
that way-by did not return so that
[by that way]

გველს არ შეჰყროდა და სხვა გზით მოუარა.
serpent might not meet and another path-by went
[he would not meet the serpent] [by another path]

გავიდა რამდენიმე ხანი.
Passed some time
(There passed)

ხელმწიფემ სხვა სიზმარი ნახა; სიზმარში ჭერზე
king other dream saw dream in ceiling-from
[the king had another dream] (in the dream) (from the ceiling)

შიშველი ხმალი ჩამოკიდებულიყო. მეფემ იმწამსვე იმ
naked sword was suspended King immediately that
(unsheathed) (The king)

გლეხთან გაგზავნა კაცი და სასახლეში დაიბარა.
peasant-for sent (a) man and (to his) palace asked him to come

გლეხს ძალიან შეეშინდა, მაგრამ სხვა გზა არ იყო
peasant very feared but other way not there was

და ისევ იმ წინანდელ ბილიკს დაადგა.
and again that as before footpath-by went
[took the same path as before]

მივიდა იმ ადგილას, სადაც წინათ გველი ნახა, მაგრამ
He came that to the place where before serpent saw but

ახლა ის გველი იქ აღარ დახვდა. დაუძახა: გველო,
now that serpent there no more was He cried serpent

გამოდი ერთ წამს, საქმე მაქვსო. არ შეწყვიტა სანამ
come here one second a case I have Not ceased until
(moment) [I have a problem] [He did not stop]

გველი არ გამოვიდა. ჰკითხა: რა გინდა, რა
serpent not came out he asked what you want what
()

გაგჭირვებიაო? გლეხმა უპასუხა: ესეა და ესეა ჩემი
(is) the matter peasant replied thus and thus my
[such and so is]

საქმე და უნდა მიშველო რამეო. გველმა უთხრა:
matter and you must help me with something serpent said

წადი, უთხარი მეფეს, რომ შიშველი ხმალი ომს
go tell king that naked sword war

მოასწავებს, ახლა მაგას შინ თუ გარეთ, ყველგან
means now him within or without everywhere

მტრები აეშლებიან, ომს გაუმართავენ და ეგეც
enemies are intriguing war will began and he

მოემზადოსო.
must prepare

გლეხმა მადლობა უთხრა და წავიდა. მივიდა და
Peasant thanks said and went Came and
(The peasant) (He came) (also)

მეფეს ისე მოახსენა, როგორც გველმა ასწავლა. მეფეს
to the king as told that serpent teached king

მოეწონა, ომისთვის მზადება იწყო და გლეხსაც დიდი
liked for war to prepare began and peasant great

წყალობა უბოძა. ახლა გლეხი პირდაპირ იმ ბილიკით
presents gave now peasant directly that by path

წავიდა, სადაც გველი ეგულებოდა. გველმა უთხრა: აბა,
went where serpent was serpent said now

მომიტანე ნახევარი, შენ რომ დამპირდიო? გლეხმა
did you brought me a half you that promised me peasant

უპასუხა: ნახევარი კი არა, შავი ქვა მოგიტანე და
answered half certainly not black stone I brought you and

ნაცარი ცხელიო. იძრო თან ხმალი და გამოუდგა.
ash hot (He) drew out sword and pursued it

გველმა სოროში შეასწრო, მაგრამ გლეხმა მაინც
(The) serpent into a hole retreated but (the) peasant still

მოასწრო და ხმლით ბოლო მოაკვეთა.
managed and sword-with tail cut off
(also) [to cut off the tail with the sword]

გავიდა კიდევ რამდენიმე ხანი. ხელმწიფემ კიდევ
(There) passed again some time (The) king again

სიზმარი ნახა. სიზმარში ჭერში დაკლული ცხვარი
dream saw Dream ceiling-in (a) slain sheep
[had a dream] (In the dream) (from the ceiling)

ჩამოეკიდათ. მეფემ ისევ იმ გლეხთან გაგზავნა კაცი.
was suspended king again that to the peasant sent man

ეს გლეხი ახლა უფრო მეტად შეშინდა. ახლა რაღა
this peasant now more much affread Now what

ვუთხრა მეფეს, რომ ვეახლებიო. აქამდე გველი
(I shall) tell to the king when I approach Until now serpent

მასწავლიდა, მაგრამ ახლა ისიც აღარაფერს მასწავლის,
was teaching (me) but now it could no longer teach me

- სიკეთის მაგიერ ხმლით ბოლო მოვკვეთეო.
o goodness instead with sword tail (I) cut off

მაინც კიდევ იმ ბილიკით წავიდა.
Nevertheless still that footpath-by went
[Nevertheless he still went by that path]

იმ ადგილზე რომ მივიდა, სადაც გველი იყო,
That in place when arrived where (the) serpent was
[When he arrived in the place]

დაუძახა:	გველო	ერთ	წამს	აქ	გამოდი,	რაღაც
(he) called out	serpent	one	second	here	come	something

უნდა	გითხრაო.	გველი	გამოვიდა.	კაცმა	უამბო	თავისი
I shall	tell you	serpent	came	main	told	his

გაჭირვება.	გველმა	უთხრა:	თუ	ნახევარს	მე	მომცემ,
hardships	serpent	said	if	half	me	give

რასაც	ხელმწიფე	გიწყალობებს,	გეტყვიო.	გლეხი
(of) what	king	will give you	I will tell you	(The) peasant

დაჰპირდა	და	ფიცი	მისცა.	გველმა	უთხრა:	ეგ	იმას
promised	and	oath	gave	serpent	said	that	this
		[swore an oath]					

ნიშნავს,	რომ	ახლა	ყველგან	სიმშვიდე	დადგება,	ხალხი
means	that	now	everywhere	peace	will come	people

ცხვარივით	მშვიდი	და	წყნარი	იქნებაო.
as sheep	quiet	and	calm	will be

გლეხმა	მადლობა	უთხრა	და	წავიდა.
Peasant	thank	told	and	went
(The peasant)	[thanked him]			

ხელმწიფესთან	რომ	მივიდა,
King-at	when	came
[When he arrived with the king]		

ისე	მოახსენა,	როგორც	გველმა	ასწავლა.	მეფეს	ძალიან
that	said	as	serpent	taught	King	very
	[he told him what the serpent had taught him]					

მოეწონა	და	უფრო	დიდი	წყალობა	უბოძა.	გლეხი
liked	and	much	great	presents	gave him	peasant

იმავე	გზით	გამობრუნდა	უკან,	სადაც	გველი	იყო.
the same	by way	returned	back	where	serpent	was

მივიდა	გველთან,	მიართვა	ყველაფერი,	რაც	კი
Came	to serpent	gave him	everything	that	but

ხელმწიფისგან მიეღო, და უთხრა: ცოტა ხანს აქ
from the king received and told a little time here

მომითმინე და ახლავე იმასაც მოგართმევ, რაც წინათ
wait for me and right now that (I) will bring (to you) that before

მიმიღია ხელმწიფისგანო. თან ბოდიში მოუხადა
I had received from the king and forgiveness asked

იმისათვის, რომ წინათ აწყენინა. გველმა უთხრა: შენ
because that before offended serpent said you

მაგისი დარდი ნუ გექნება, შენზე არ ვბრაზობ. ეგ
of it worry don't have with you not I am angry This

ხომ შენი ბრალი არ იყო. პირველად, როცა მთელი
do your fault not was first time when all

ხალხი სულ ორპირი, მატყუარა, პირფერი და მოღალატე
people all duplicitous liar flattering and traitor

იყო, შენც მე მაშინ დამპირდი და სხვა გზით კი
was you too me then promised and another by way but

წახვედი შინაო. მეორედ, როცა ყველგან ომიანობა,
went home second time when everywhere war

ჩხუბი და ხოცვა ატყდა, შენც მე მაშინ მეჩხუბე
quarrel and massacre started you too with me than quarreled

და კუდი მომკვეთეო. ახლა, როცა ყველგან მშვიდობა
and tail cut me off now when everywhere peace

და სიყვარული ჩამოვარდა, შენც მაშინ ყველაფერი მე
and love are fallen you too then everything to me

მომიტანე და მომართვი. წადი, ძმაო, ღმერთმა
broight and presented go brother god

მშვიდობაში	მოგახმაროს,	მე	შენი	არა	მინდა	რაო	და
in peace	will let you use	I	your	not	want	nothing	and

შესრიალდა	გველი	თავის	სოროში.
cast itself	serpent	in its	hole

Fate

ბედი
Fate

იყო ერთი დიდებული ხელმწიფე. ჰყავდა ერთადერთი
Was a mighty king he had an only
(There was) (only one)

შვილი. ეს ვაჟი რომ გაიზარდა, ყველა ხელმწიფისგან
son This son when (he) grew up all from kings

ქალის მძლეველები მოსდიოდნენ. ხელმწიფეს ძალიან
of woman givers were arriving king very much

უნდოდა, რომ თავისი შვილი ადრევე დაოჯახებულიყო, -
wanted that his son early married

ურჩევდა შვილს, ერთ-ერთი ხელმწიფის ქალი ამოერჩია
advised to his son one king's daughter to choose
(a certain)

და ჯვარი დაეწერა. შვილი დიდ უარზე იდგა:
and cross write son big on the refusal was standing
[to marry] [totally refused]

სანამ ჩემს ბედს არ შევეყრები, ჯვარს არ დავიწერო.
until my fate not I meet cross not I will write
[until I know my fate] [I will not marry]

გავიდა ამის შემდეგ რამდენიმე ხანი. ერთხელ ეს
Passed this after some time Once this
[There passed after this]

ხელმწიფის შვილი მივიდა თავის მამასთან და უთხრა:
king's son came to his father and said

ნება დამრთე წავიდე, ჩემი საბედო მოვძებნო და სამი
allow me go my fortune seek and three
[allow me]

ჩანთა ფულიც მომეციო. ხელმწიფემ ნება მისცა და
bag money give me (The) King will gave and
[allowed]

თხოვნაც შეუსრულა. მოემზადა ხელმწიფის შვილი და
request granted Prepared (the) king's son and

გაუდგა გზას.
went on his journey

ბევრი იარა თუ ცოტა, შეხვდა ერთ უცხო კაცს: ეს
Long passed or less he met a stranger man this
[Whether after a long time or less] [stranger]

უცხო კაცი თურმე ანგელოზი იყო და
stranger man it turned out (that an) angel he was and
[stranger]

კაცის სახით გამოცხადებოდა. უცხო კაცმა ჰკითხა:
man's face-with presented stranger man asked
[presented himself with a man's face] [the stranger]

სად მიხვალ, რას დაეძებო? ხელმწიფის შვილმა
where are you going what are you seeking (The) King's son

უპასუხა, მინდა შევიტყო, რა ბედი მიწერიაო. მაშინ
replied I want to know what fate is written for me Then

იმ უცხო კაცმა აჩვენა ერთი მშვენიერი სასახლე და
that stranger man showed one beautiful palace and

უთხრა: აგერ, იქ მიდი და შენი ბედის წერილს იქ
said here there go and your fate's letter there

იპოვიო.
you will find

ხელმწიფის შვილმა მადლობა გადაუხადა და გაემართა
(The) King's son thank (thanks) said and went

იმ სასახლისკენ. რომ მივიდა, დაინახა, ეზოში
that palace-to When (he) arrived (he) saw (that) in the courtyard

ბარათები ყრია და დაუწყო ჩხრეკა. დიდხანს
cards are thrown and began to examine them for a long time

ეძება, ეძება, ვერაფერი იპოვა. მერე გამოვიდა იმ
searched searched nothing found then came that

სასახლიდან ერთი სხვა კაცი და უთხრა ხელმწიფის
from palace one other man and said (to the) king's

შვილს: რა გინდა, ძმაო, რას დაეძებო?
son what do you want brother what are you looking for

ხელმწიფის შვილმა უპასუხა: მინდა ჩემი ბედის ბარათი
(The) King's son replied I want my fate's card

ვიპოვოო - მანდ რას დაეძებ, მანდ სულ ღარიბი
to find there what (what for) are you seeking there all poor

ხალხის ბარათებია, ხელმწიფეების ბედის წერილები შინ
men's cards there are kings' fate's cards inside

აწყვია მოდი შინ და მე თვითონ გიპოვნიო, -
are come inside and I myself will find it for you

უთხრა უცნობმა.
said unknown (the unknown man)

ხელმწიფის შვილი სახლში შეჰყვა. უცნობმა
(The) King's son in the house entered with him Unknown (The unknown man)

ბედის წერილი ამოურჩია და მიაწოდა. შიგ ასე
(the) fate's letter picked for him and gave him inside that

ეწერა: მავანმა და მავანმა ხელმწიფის შვილმა უნდა
was written such and such king's son must

შეირთოს ამა და ამ ფექირის ქალი, რომელიც ცხრა
marry this and this weaver's daughter who (for) nine

წლის სნეულიაო. წაიკითხა და ელდა ეცა. მაშ
years has been ill He read and with horror was struck Then

კარგი, მე თვითნ შევცვლი ჩემი ბედის წერილსაო, თქვა
ok I myself will change my fate's letter said

თავის გულში ხელმწიფის შვილმა, აიღო ბედის წერილი
his heart-in king's son took fate's letter
[in his heart]

და წავიდა იმ ფეიქრის ქალის საძებნელად.
and went that weaver's daughter to seek

იარა, იარა და ერთ დიდ ტყეში დაუღამდა.
He traveled he traveled and one big forest-in night fell
[in a great forest]

ეძება, უნდოდა თავის შესაფარებლად ადგილი ეპოვა
he searched wanted of head to refuge place find
[to take refuge]

და ერთგან ცეცხლის შუქი შეამჩნია. მივიდა და იმ
and at one place of fire light he noticed (He) came and that
[the light of a fire]

ღამეს იქ დარჩენის ნება ითხოვა. მასპინძელმა
night there to remain permission asked (The) Host

უთხრა: შვილო, დიდ კაცსა ჰგევხარ,
said son great man to you are like
[you look like a great man]

ჩვენ სად შეგვიძლია შენი საკადრისი დახვედრაო,
we how can your befitting hosting
[how can we host you as it befits]

მაგრამ სტუმარი ღვთისაა და უარი როგორ
but guest is of God and to refuse how

შეგვიძლიაო. ხელმწიფის შვილი იმ ღამეს იქ დარჩა
we can (The) King's son that night there remained

და მასპინძლებს არა დაახარჯვინა რა.
and to hosts not made spend nothing
(the hosts) [did their best]

ვახშამს რომ ჭამდნენ ხელმწიფის შვილმა შეამჩნია,
Supper when were eating king's son noticed
[When they were eating supper]

რომ მეორე ოთახშიაც საჭმელი შეჰქონდათ-გამოჰქონდათ.
that another in room too food they were bringing

იკითხა: იქით ვინა გყავთ, რომ საჭმელი შეგაქვთო?
He asked there who you have that food you are bringing to

და გამოგაქვთო? მაშინ მასპინძელმა ეს
and you are bringing back Then host this
[why are you bringing meals in the other room]

უამბო:
told

მე ერთი ფეიქარი ვარ, დღე-დღეურად ძლივძლივობით
I a weaver am from day to day can barely

ვარჩენ ოჯახსო. ღმერთს ჩემთვის შემწედ არავინ
feed (my) family God me to help nobody

მოუცია. ერთადერთი ქალი მყავს და ისიც სნეული. ეს
has given an only daughter I have and she is invalid for

ცხრა წელიწადია ლოგინად არის ჩავარდნილი;
nine years in the bed she is fallen
(sick)

ყველაფერი ვიღონე, მაგრამ მას ვერაფერი ვუშველე.
everything I did but her nothing helped

ხელმწიფის შვილმა ეს რომ გაიგო, ძალიან გაეხარდა
King's son this when heard very much got down
[When the king's son heard this] (got depressed)

და გუნებაში გაიფიქრა: აბა მეც ეგ მინდოდაო. იმ
and in his mind thought here is me too that I wanted That

ღამეს თვალი არ მოუხუჭავს: სულ იმას ფიქრობდა,
night eye he did not close all that was thinking

თუ როგორ მოვუღო ბოლო ამ ჩემს საბედოსაო.
that how took last this my fate
[get rid of]

შუაღამისას, როცა ყველამ ხვრინვა ამოუშვა და
In the midnight when every one snoring began and

მკვდარივით მიეძინათ, ხელმწიფის შვილი წამოდგა ჩუმად
like the dead slept king's son rose silently

ლოგინიდან, ჩუმადვე შევიდა მეორე ოთახში. ცხრა
from bed quietly entered another room (for) nine

წლის სნეული ფეიქრის ქალი რომ დაინახა ძალიან
years ill weaver's daughter when he saw very much

გაბრაზდა, იშიშვლა იმავ წამს ხანჯალი და შიგ
got angry drew that same moment (his) dagger and into
[immediately]

გულში ჩასცა. მერე ისევ ფეხაკრეფით გამოვიდა,
(her) heart plunged then again noiselessly went away

დატოვა იქ თავისი ფულები, რაც კი თან ჰქონდა
left there his money all that with himself had

და იმ ღამესვე გამოიპარა.
and that at night he stole out.

ბევრი იარა თუ ცოტა იარა, მივიდა თავის მამასთან
Long travelled or less travelled came his father-to
[returned to his father]

და შესჩივლა, რომ ასეთი და ასეთი უბედური ბედი
and complained that such and such evil fate

მწერებიაო. მამას ძალიან ეწყინა თავისი
was written (the) father very much was indignant (at) his
(was written for him)

შვილის ცუდი ბედ-იღბალი, მაგრამ მაინც არ დაანახა
son's bad fate but still did not show

თავისი წყენა და შვილს გული გაუკეთა.
his anger and to his son heart comforted
[comforted his son]

გავიდა ამის შემდეგ კარგა ხანი. ერთხელ ხელმწიფის
Passed this after good time Once (the) king's

შვილი სანადიროდ გამობრძანდა. ნახა
son hunting went (He) saw

ერთ უდაბურ ტყეში ერთი მშვენიერი სასახლე და იმ
one deep forest in one beautiful palace and that
[in a deep forest]

სასახლეში ერთი მზეთუნახავი ქალი... ხელმწიფის შვილს
in palace one beautiful woman (The) King's son

ქალი ერთი ნახვით შეუყვარდა. უყურა, უყურა, ბოლოს
woman at first sight loved (He) looked looked at last

ვეღარ მოითმინა, ჰკრა ცხენს დეზი და ახლოს
could no longer wait spurred to horse spur and near

მივიდა. ახლოდან უფრო მეტად მოეწონა და უფრო
came From near even more liked (her) and more

ჩაუვარდა გულში. გადმოხტა ცხენიდან, ავიდა
got in the heart He descended from the horse climbed
[fell in love]

ქალთან   და   ცოლ-ქმრობის   პირობა   მისცა.   იმასთან
to the woman   and   of marriage   promise   gave (her)   with her

ლაპარაკით   რომ   დატკბა   და
of talking   when   enjoyed   and

ცოლ-ქმრობის   პირობაც   პირობაც   რომ   მოისმინა,
of marriage   condition   promise   when   heard
[he heard her promise to marry]

გახარებული   შინ   წამოვიდა.
gaily   home   went

მოდის   გზაში,   უხარია,   რომ   ის   საზიზღარი   ბედი
Is coming   in the way   (he) is glad   that   that   evil   fate
[On the way]

თავიდან   აიცილა   და   სხვა   მშვენიერი   საცოლე   იშოვა.
from his head   avoided   and   another   beautiful   bride   found

მივიდა   შინ,   მამას   ახარა: ასე   და   ასეა   ჩემი   საქმე,
(He) went   home   to his father   told   such   and   such is   my   case

უნდა   საქორწილოდ   მომამზადოო.   მამას   გაუხარდა
you must   for the wedding   prepare me   (The) Father   rejoiced

თავისი   ერთადერთი   შვილის   ბედნიერება   და   დიდებული
of his   only   son's   happiness   and   grand

ქორწილი   გადაუხადა.
wedding   made

რამდენიმე   დღის   შემდეგ,   ხელმწიფის   შვილმა   თავის
Some   day   after   (the) king's   son   his

მშვენიერ   ცოლს   ხელი   მოუცაცუნა   და   ხელში   რაღაც
beautiful   wife onto   (a) hand   laid   and   in his hand   something

კორძივით გამაგრებული ხორცი მოხვდა. გაუკვირდა: ეს
like a wart hard flesh (he) felt He was surprised this

რა არის, რისაგან მოგსვლიაო? ცოლმა უთხრა: მე
what is from what it happened to you (The) Wife said I

ერთი ღარიბი ფეიქრის ქალი ვარ; ცხრა წელიწადი
a poor weaver's daughter am nine years

თურმე სნეული ვიყავი და სათესური კიტრივით
it turns out ill I was and seed cucumber-as

ყვითლად დავსიებულიყავი. ერთხელ ვიღაცა ყმაწვილი
yellow (I) was swollen Once some youth

ჩვენთან სტუმრად მოვიდა და ხანჯალი დამასო,
to us as guest came and dagger (into me) plunged

მაგრამ სიჩქარეში ამაცილა და შიგ იარაში
but because of haste missed and into (the) wound

გამარტყა. იარიდან ჩირქი გამომივიდა, დედამ მალამო
got From wound (the) pus came out my mother ointment

გააკეთა, წამისვა და სრულიად მოვრჩი. იმ სტუმარს
made greased me and completely I was cured That guest

კი სამი აბგა ფული იქ დარჩა. იმ ფულით ეს
but (however) three bag(s) money there left That money with this

მშვენიერი სახლები ავაშენეთ, მამას ფეიქრობა
beautiful palaces we built my father weaving

მივატოვებინეთ და ვცხოვრობდით უზრუნველადო, -
we made him give up and lived without a care

დააბოლოვა ამბავი ქალმა.
finished her story woman

ხელმწიფის შვილმა ეს რომ მოისმინა, თქვა: ეჰ,
(The) King's son this when heard he said oh

ღმერთო! შენი სიტყვა არც გაცრუებულა და არც
God Your word is not in vain and will not be

გაცრუვდებაო! მერე დაიწყო იმანაც და სულ
vain After began he too and all

დაწვრილებით უამბო თავის საყვარელ ცოლს თავისი
in details told to his beloved wife his

თავგადასავალი.
story

Master and Pupil

ოსტატი და შეგირდი
Master and Pupil

იყო	ერთი	ღარიბი	გლეხი,	ჰყავდა	ერთი	ვაჟიშვილი.
There was	a	poor	peasant	had	a	son

აუტყდა	ერთხელ	ცოლი:
had a fit	once	wife

[Once his wife got angry]

ამ	ბალღს	ხელობა	რამ	ასწავლებინე,	თორემ	შენ	რა
this	child	handwork	some	make him teach	otherwise	you	what

[Teach this child some trade]

ხეირი	გაყრია,	ეგ	რა	უნდა	იყოს,
benefit	stays	this	what	should	have been

ეგრე	შენსავით	უცოდინარი	რომ	დარჩესო.
thus	like you	ignorant	that	remains

[he'll remain ignorant like you]

ცოლი	ჩააცივდა,	მოსვენებას	არ	აძლევდა.	გლეხმაც
(The) wife	importuned him	rest	not	gave	peasant-also

(So the peasant)

გაიძღოლა	ერთხელ	წინ	ეს	თავისი	შვილი	და	წავიდა
took	once	forth	that	own	son	and	went

ოსტატის	საძებნელად.	გზაში	წყალი	მოსწყურდათ.
of master	seek	On way	(for) water	got thirsty

[to find a master for his son] (On the way)

20

დაინახა	ერთ	ადგილას	წყარო,	ერთი	მაძღრისად
(He) saw	a	place-in	spring	a	till satiety

დაეწაფა	და,	თავი	რომ	წამოწია,	დაიძახა:	ვახ,	რა
drank	and	head	that	raised	shouted	woe!	what

კარგი	ხარო!
good	you are

იმის	თქმაზე	წყაროდან	ერთი	ეშმაკი	გამოვარდა,	კაცის
This	on said	from spring	a	devil	dropped out (rushed out)	of man

სახედ	შეიცვალა	და	გლეხს	უთხრა:	რა	გინდა,
in image	changed	and	to peasant	said	what	do you want

კაცო!	ვახრაკა	მე	ვარ,	რა	გაგჭირვებიაო?
man	Vakhraka	I	am	what	troubles you

გლეხმა	ყველაფერი	თავისი	ამბავი	უამბო.	ეშმაკმა,	ეს
(The) peasant	everything	his own	story	told him	(The) Devil	it

რომ	შეიტყო,	უთხრა:	მოიყვა,	ეგ	შენი	შვილი	მე
that	learned	said	bring	that	your	son	to me

მომაბარე;
entrust

ერთ	წელიწადის	ვასწავლი,	მერე	მოდი,	თუ
one	year	I will teach him	then	come	if

იცნო,	ხომ	კარგი,	წაიყვა;	თუ	არა	და,	ჩემია
you recognize (you recognize him)	hey	well	take him	if	not	and	(he is) mine
				[and if not]			

და	ჩემი,	შენ	ხელი	არა	გქონდესო.
and	mine	your	hand	not	will keep him

თურმე	ამ	ეშმაკს	სხვათა	შვილებიცა	ჰყავდა	ამ
Apparently	that	devil	other's	sons too	had	at that
			(other people's)			

პირობით	აყვანილები	და,	რადგან
condition	raised	and	because

ერთ	წელიწადში	ყმაწვილები	ძალიან	იცვლებოდენ
one	year-in	youngs	very	were changing

[in one year children change so much]

და	წლის	თავზე	მშობლები	ვეღარა	სცნობდნენ,	სულ
and	of year	on top	parents	no longer	recognize	totally
[that a year onward]					(could recognize them)	

ეშმაკსა	რჩებოდნენ.	გლეხმა	ესენი	არა	იცოდა
to devil	remained	(The) Peasant	these (facts)	not	knew
(to the devil)					

რა;	დასთანხმდა	ამ	პირობაზე	და	გამობრუნდა	შინ.
what	agreed	this	on condition	and	went back	home

გავიდა	ერთი	წელიწადი;	ყმაწვილის	მამა	ეშმაკთან
Passed	one	year	boy's	father	to devil

წავიდა;	ეშმაკი	შინ	არ	დაუხვდა.	ნახა,	ეზოში	ერთი
went	devil	home	not	met	(He) saw	yard-in	a
						(in the yard)	

გროვა	ყმაწვილები	არიან.	ათვალიერა,	ათვალიერა,
heap	(of) boys	are	(He) was searching	(and) was searching

მაგრამ	შვილი	ვერ	იცნო	და	დაღონებული
but	(his) son	(he) could not	recognize	and	upset

იდგა.
was standing

სად იყო, სად არა, თითონ შვილი მივიდა მამასთან
Where was where not himself son came father-to
[Where-ever he was] (to his father)

და გამოემცნაურა. მერე უთხრა: ეხლა ჩვენი ოსტატი
and knew him Then told (him) now our master

მოვა, ყველას მტრედებად გვაქცევს და გაგვაფრენს.
will come everyone into doves will turn and will make us fly.

აქედან აფრენაში მე ყველაზე წინ მოვექცევი, უკან
from here in flying I all before I shall be back

დაბრუნებაში ყველაზე უკან ჩამოვრჩები და, როცა
in return all behind I will be and when

ოსტატმა გკითხოს, რომელია შენი შვილი, შენ ჩემზე
master asks which is your son you to me

უჩვენეო. გაუხარდა გლეხს და გულდაიმედებული
point Rejoiced (the) peasant and hopefully

ოსტატის მოლოდინში იყო.
master-of in waiting was
[awaited the master]

ცოტა ხნის შემდეგ გაჩნდა ოსტატიც. დაუძახა თავის
Small time after emerged (the) master too called his

შეგირდებს, ყველანი მტრედებად გადააქცია და იმის
apprentices all doves-into turned and before his
(into doves)

თვალწინ ააფრინა. გლეხის შვილი მართლაც
eyes made them fly away (The) peasant's son indeed

ყველაზე წინ მიფრინავდა
all before was flying

და უკან რომ მოტრიალდნენ, ყველზე უკან ჩამორჩა.
And back when (they) turned all behind (he) remained

ოსტატმა ჰკითხა: აბა იცან, რომელია შენი
Master asked so did you recognize which is your

შვილიო; გლეხმა მაშინვე ის უკანა მტრედი უჩვენა.
son (the) peasant immediately that rear dove showed

ეშმაკს ძალიან კი ეწყინა, გული ჩასწყდა, მიხვდა,
(The) Devil very but enraged heart disappointed realized

რომ ეს სულ ჩემისავე შეგირდის ოინიაო, მაგრამ რას
that it totaly mine of apprentice trick is but what

იზამდა! ადგა და შვილი უკან დაუბრუნა.
would he do rose and (the) son back returned

მიდის მამა, მიჰყავს თან შვილი. ნახეს, თავადები
Goes father leads with (him) son found nobles

ნადირობენ;
were hunting

ერთი კურდღლისათვის რამდემინე მწევარი დაუდევნებიათ
One rabbit-for several greyhound made pursuing

და ვერ იჭერენ. შვილმა უთხრა თავის მამას: შენ
and could not catch son said his father-to you

ჭალა-ჭალა ამოჰყე, ერთი კურდღელი წამოადგე. მე
grove-grove (the woods) go (into go) a rabbit disclose (raise) I

მწევრად	ვიქცევი,	ვეცემი	და	იმ	თავადების	წინ
canes dog-into (into a hound)	will turn	will plop (will jump on it)	and	these	nobles	before

დავიჭერო.
will seize it

თავადები	გადაგეკიდებიან,	შემოგევაჭრებიან	ჩემს	თავს
(The) nobles	will follow you	will negociate [will offer to buy me]	my	head

და	შენც	გაინაზე,	ძვირად	დამაფასე	და	მიმყიდეო.	მერე
and	you	decline	high [ask a high price for me]	appraised me	and	sell me	then

მე	დროს	ვიხელთებ,	გამოვექცევი	და	გზაშივე
I	time	will seize	will escape	and	on road

დაგეწევიო.	ასეც	მოიქცნენ.
will overtake you	like this	(they) acted

მამა	ჭალა-ჭალა	ამოჰყვა,	კურდღელი	წამოადგო;
(The) father	grove-grove (into the woods)	went	(a) rabbit	disclosed (raised)

შვილი	მწევრად	იქცა,	კურდღელს	დაედევნა	და
(the) son	canes dog-into (into a hound)	turned	to rabbit	pursued	and

სწორედ	იმ	თავადების	თვალწინ	მალაყზე	გადაატარა.
just	these	of nobles	in front	somersaults at	turned

თავადებს	ძლიერ	მოეწონათ.
nobles	very	liked

მისცვივდნენ	გლეხს	და,	გინდა	თუ	არა,	ჩვენ
(They) followed	(the) peasant	and	do you want	or	not	to us

უნდა	მოგვყიდოო.	გლეხი	ჯერ	კი	ფეხს	აჭერდა,
you must	sell it	peasant	at first	but	leg	was pressing [put his foot down]

მაგრამ	როცა	ფასს	ძალიან	აუწიეს,	გლეხმა	ფული
but	when	to price	very	rose	(the) peasant	(the) money

ჩამოართვა	და	მწევარი	მისცა.	ჩააბეს	თავადებმა
seized	and	(the) greyhound	gave (to them)	Attached	(the) nobles

მწევარს	თოკი	და	წაიყვანეს.
greyhound-to (to the greyhound)	a rope	and	took away (took it away)

ცოტაოდენი	გზა	რომ	გაიარეს,	თავადებმა	ერთი
Some	road	when	passed	nobles	one

ბუჩქიდან	კურდღელი	წამოახტუნეს;	შესხნეს	თოკი	ამ
bush-from	(a) rabbit	started	(they) let loose	rope	this

მწევარს	და	გამოუყენეს.	მწევარმა	კურდღელი	კარგა
to greyhound	and	sent him after it	greyhound	rabbit	enough

შორს	გაიდგო	და	თავადებს	რომ	თვალთაგან	მიეფარა,
far	chased	and	to nobles	when	from vision	had withdrawn

იქცა	ისევ	ყმაწვილად	და	წამოეწია	თავის	მამას.
turned	again	into a boy	and	caught up	his	father-with

მიდიან	მამა	და	შვილი;
Are going	(the) father	and	(the) son

ფულები	ეცოტავებათ;	უნდა	კიდევ	როგორმე	ვიშოვოთო,
(The) money	seems little	want	more	somehow	to get

უთხრა	შვილმა	მამას.
told	son	father-to (to his father)

26

გზაზე	ნახეს:	მეორე	წყება	თავადებისა	ერთ	ხოხობს
On road (On the road)	found	second	set	of nobles	one	to pheasant

მისდევს;	ქორები	გამოუყენებიათ,	მაგრამ,	ვერ
follows	hawks	are used	but	can't

დაუჭერიათ;	იქცა	ყმაწვილი	ქორად	და	სწორედ	იმ
caught	turned	boy	into hawks	and	just	these

თავადების	წინ	ხოხობი	ჰაერში	დაიჭირა.
of nobles	in front	pheasant	in air	seized

თავადები	კინაღამ	გაგიჟდნენ,	ისე	მოეწონათ.	მერე
(The) nobles	almost	got crazy	so	liked	then
			[they liked it so much]		

მივიდნენ	და	იმ	გლეხს	აუტყდნენ --	გინდა	თუ	არა,
went	and	that	peasant	insisted	do you want	or	not

ეგ	შენი	ქორი	უნდა	მოგვყიდოო.	გლეხმა	აქაც
this	your	hawk	you must	sell us	(The) Peasant	here too

ჯერ	კი	ფეხი	დააჭირა
at first	but	leg	pressed
		[put his foot down]	

და	მერე,	როცა	ფასს	კარგა	აუწიეს,	ჩამოართვა
And	then	when	(the) price	enough	rised	took

გლეხმა	ფული	და	გასწია	შინისაკენ.	თავადებმა
(the) peasant	(the) money	and	went	home	(The) Nobles

გზაში	ეს	ქორი	ერთ	სხვა	ხოხობს	გამოუყენეს.	ქორმა
in way	this	hawk	of one	other	pheasant	sent in pursuit	hawk

ხოხობი	ცოტა	შროს	წაიფრინა	და	თავადებს	რომ
pheasant	a little	far	made fly	and	nobles	when

თვალთაგან მიეფარა, იქცა ისევ ყმაწვილად და
from vision had withdrawn turned again into young man and

მამას წამოეწია.
father-to caught up
[caught up with his father]

მიდის მამა-შვილი, მიაქვთ თან ფულები, მაგრამ
Are going father-son they bear with (them) (the) money but

შვილს კიდევ ეცოტავება. შვილმა უთხრა მამას:
son-to still seems little son said to father

მოდი, მე ერთ კარგ ბედაურ ცხენად ვიქცევი, შემჯექ
Come I one good steed into horse will turn mount me

შენ ზედ, წამიყვა ქალაქში და გამყიდე. გახსოვდეს კი,
you on take me in the city and sell me remember but

ჭრელთვალა კაცს არ მიმყიდო და, თუ მიმყიდო,
with variegated eyes to man do not sell me and if sell

ავშარა თან არ გამაყოლო, თორემ იცოდე,
bridle with do not give otherwise know

იმისი ხელიდან თავს ვეღარ დავაღწევო. ამ სიტყვაზე
to be out of hand myself I can not get out This word-to
[I shall not be able to free myself from his hands] [At these words]

შვილი ბედაურად იქცა, მამა ზედ მოაჯდა და ქალაქს
(the) son into (a) steed turned father on mounted and in city

ჩაიყვანა. აქ მუშტარი ბევრი დაუხვდა, მაგრამ
rode Here buyers many met but

ყველაზე მეტად ერთი ჭრელთვალა გადაეკიდა.
most more one (man) with variegated eyes followed.
[most]

ვინც	მანეთს	უმატებდა,	ის	ერთბაშად	რამდენიმე
(If) any one	rubles	added (bid)	he	at once	some

თუმანს	უმატებდა.	დასძლია	გლეხი	ფულის
tumans (coins)	added	Conquered (The won over)	peasant	of money

სიხარბემ	და	ცხენი	ჭრელთვალას	მიჰყიდა.
(had) greed	and	horse	to (man) with variegated eyes	sold

ჭრელთვალამ	ლაგამიც	თანვე	შეისყიდა,
(The man) with variegated eyes	(the) bridle	along	purchased

გადააჯდა	ცხენს	და	გაჰქუსლა.	მიდის,	მიჰქრის,
mounted	horse-on (on the horse)	and	spurred it on	(He) went	flies

უხარია,	რომ	ეს	თავისი	შეგირდე	ისევ	ხელთ
(he) rejoices	that	this	his	pupil	again	in (this) hands

იდგო.
got

მივიდა	შინ,	შეამწყვდია	ერთ	ბნელ	ოთახში	და
(He) went	home	shut (it)	a	dark	room-in	and

გადაუკეტა	კარი.
locked	(the) door

ეს	შეგირდი	ასე	დაღონებული:	ფიქრობს,	დარდობს,
(At) this	(the) pupil	so	sad (was)	thinks	grieves

მაგრამ	შველა	არსაიდანა	ჩანს;	გადის	დრო	და	ვერა
but	help	from nowhere	seems	time	passes	and	he can't

მოუხერხებია	რა.
do	nothing

ერთ დღეს შენიშნა, რომ გომურში რაღაც მზის შუქი
One day he noticed that stable-in some of sun light

შემოვიდა. ნახა, ნაპრალი იყო. იქცა თაგვად და
entered saw (a) hole was he turned mouse-into and
(into a mouse)

გამოძვრა. დაინახა ოსტატმა, იქცა ისიც კატად და
escaped Saw master turned he too cat-into and
[The master saw it] (into a cat)

დაედევნა. მირბის თაგვი, მისდევს კატა; ის იყო, კატა
pursued him Runs mouse follows cat that was cat

წამოეწია და როგორც კი უნდა პირი ეტაცა, იქცა
overtook and as indeed must mouth turned
[was about to seize it]

შეგირდი თევზად და წყალში შეცურდა.
pupil into fish and into water swam away

იქცა ოსტატიც ბადედ და დაედევნა. მიცურავს თევზი,
Turned (the) master net-into and followed him swims away fish
(into a net)

მისდევს ბადე, ბადე წამოეწია და, ის იყო,
comes after him net net overtook and that was

როგორც კი უნდა ზედ გადაჰფარებოდა, იქცა
as indeed must over shifted turned
[was about to cover him]

შეგირდი ხოხბად და გაფრინდა.
pupil pheasant-into and flew away
(into a pheasant)

30

იქცა ოსტატიც ქორად და დაედევნა. მიფრინავს
Turned (the) master too hawk-into and followed him Flies
(into a hawk)

ხოხობი, მისდევს ქორი. ის იყო, ქორი წამოეწია
(the) pheasant follows (the) hawk That was (it) (the) hawk overtook (it)

და როგორც კი უნდა კლანჭები ჩაეყარა,
and as indeed must claws laid
[was about to put its claws into him]

იქცა შეგირდი ნემსად და ქორის წინ გაუგორდა.
turned pupil into needle and hawk-of in front rolled

იქცა ოსტატიც ძაფად და შიგ გაეყარა. ის იყო,
Turned Master thread-into and into threw that was

როგორც კი ძაფს უნდა ნემსი დაემაგრებინა;
as indeed thread must needle hold back
[it was about to hold back the needle]

შეგირდმა ცეცხლში გაიარა და დასწვა თავისი ოსტატი.
(the) pupil fire-in passed and burned his master
(in to the fire)

გადარჩა ეშმაკს, წამოვიდა მამასთან და ცხოვრობდნენ
escaped devil-from went father-with and lived
(from the devil) (to his father)

ბედნიერად.
happily

Good For Nothing

ნაცარქექია
Good For Nothing

იყო	ერთი	ნაცარქექია,	ჰყავდა	კაპასი	ცოლი.
There was	a	good-for-nothing man	(he) had	(a) shrewish	wife

ცოლი	მოსვენებას	არ	აძლევდა.	სულ	იმას
(The) wife	rest	did not	give (him)	always	that

ჩასციებოდა:	გინდა	თუ	არა,	წადი,	მიაწყდი-მოაწყდი,
was saying	(you) want	or	not	go	travel

იშოვე	რამე,	ხომ	ხედავ	ღარიბადა	ვართო.
seek	something	whether (don't)	you see	(how) poor	we are

ქმარმა	ვეღარ	გაუძლო	იმის	საყვედურებს,	ადგა
(The) husband	could no long	bear	her	reproaches	he arose

და	წავიდა.
and	went

მიდის,	თითონაც	არ	იცის,	სად	მიდის.
He went	himself	did not	know	where	he went

იარა,	იარა	და	ცხრა	მთას	იქით	ერთი	დიდი
He travelled	travelled	and	nine	mountains	after	one	wide

დარბაზი	დაინახა;	თურმე	ამ	დარბაზში	შუა
hall	he saw	it turned that	in this	hall	middle

ცეცხლი	აგუზგუზია,	გარს	დევები	უსხედან	და
fire	is burning	round (it)	devis	were sitting	and

ხელებს	ითბობენ.	შევიდა,	ყველას	ძმობა	უთხრა
(their) hands	were warming	(he) entered	to everyone	frienship	told
				[greeted everyone]	

და	ჩამოჯდა	ცეცხლაპირას.	დევებმაც	ხმა	არ	გასცეს,
and	sat down	by the fireside	devis	sound	did not	issue

რადგან	ძმობა	უთხრათ.	დღისით	და	ღამით	სულ
because	frienship	(he) told	By day	and	by night	always

ამათთან	იყო:	იმათსას	სჭამდა,	იმათსას	სვამდა,
with them	(he) stayed	with them	ate	with them	drank

იმათთან	იძინებდა,	როგორც	იმათი	უმცროსი	ძმა.
with them	slept	like	their	youngest	brother

ამ	დევებს	ერთი	ნატვრის	თვალი	ჰქონდათ.	როცა
These	devis	one	wishing	stone	possessed	when

შეიკრიბებოდნენ,	იმ	ნატვრის	თვალს	გადმოიღებდენ;
(they) assembled (together)	that	wishing	stone	(they) took out

სადილი	უნდოდათ	-	სადილს	ინატრებდნენ,	ვახშამი
dinner	(if) they wanted		(for) dinner	(they) wished	supper

უნდოდათ	-	ვახშამს	ინატრებდნენ,	და,	მართლაც,	რა
(if) they wanted		(for) supper	(they) wished for	and	really	what

გინდა,	სულო	და	გულო,	ყველაფერი	წინ
(you) want	soul	and	heart	everything	before them

გაეშლებოდათ.	ცხოვრობდნენ	ესე	უზრუნველად,	დარდი
appeared	(they) lived	thus	without care	sorrow

არაფრისა	ჰქონდათ	და	ჯავრი.	ჩვენ	ნაცარქექიასაც	ეს
of nothing	(they) had	and	worry	our	good-for-nothing	this

უნდოდა;	მოსწონდა	ასეთი	ცხოვრება	და	ნატვრის
wanted	(he) liked	this	life	and	wishing

თვალის	მოპარვა	მოინდომა.
stone	to steal	wanted

ერთხელ,	როცა	დევები	ტკბილ	ძილში	იყვნენ,
Once	when	devis	(in) sweet	sleep	were

ნაცარქექია	ჩუმ-ჩუმად	წამოდგა	ლოგინიდან,	აიღო
the good-for-nothing	silently	got up	from the bed	took

ნატვრის	თვალი,	მივიდა	კარებთან,	უნდოდა
(the) wishing	stone	came	to the door	wished

გაეღო	და,	ერთი	ბეწოდ	გამოსწია	თუ	არა,	კარმა
to open	and	just	slightly	opened	if	not	the door

ჭრაჭუნი	დაიწყო.	ჭრაჭუნებს	და	იძახის:	სტუმარმა
to creak	began	(the door) creaked	and	called out	guest

ნატვრის	თვალი	მოიპარაო.	ნაცარქექია	გამოიქცა,
wishing	stone	stole	The good-for-nothing	turned back

ნატვრის	თვალი	ისევ	თავის	ადგილას	დადო,	ჩაწვა
wishing	stone	again	(in) its	place	put	got into

ლოგინში	და	თავი	მოიმძინარა.
bed	and	head	pretended to be asleep

კარების	ჭრაჭუნსა	და	ძახილზე	დევებს	გამოეღვიძათ;
Of the door	creaking	and	calling	devis	awoke
[The creaking and calling of the door]					

წამოცვივდნენ,	ნახეს:	ნატვრის	თვალი	ისევ	თავის
(they) jumped up	saw	wishing	stone	again	(in) its

34

ადგილზე დევს და ნაცარქექიასაც ტკბილადა სძინავს.
place was and the good-for-nothing sweetly was sleeping

გული რომ დაიარხეინეს, კარები დახურეს, დაწვნენ და
heart when (they) rejoiced door closed lied and

ისევ დაიძინეს. კარგა ღრმა ძილში იყვნენ, როცა
again went to sleep very (in) profound sleep were when

ნაცარქექია ისევ წამოდგა, ნატვრის თვალი აიღო,
the good-for-nothing again rose up wishing stone took

მივიდა კარებთან და, როგორც კი უნდოდა გაეღო,
came to the door and when even (he) wished to open

კარმა ისევ ჭრაჭუნი დაიწყო. იძახდა: სტუმარმა
door as before to creak began called out guest

ნატვრის თვალი მოიპარაო. ნაცარქექია უკანვე
wishing stone stole The good-for-nothing back

გამოქანდა, ნატვრის თვალი თავისავე ადგილას დადო,
turned wishing stone its in place put

ჩაწვა ლოგინში და ხვრინვა დაიწყო, ვითომდა, მძინავსო.
lied in bed and to snore began as if asleep

დევებს გამოეღვიძათ, ნახეს, ნატვრის თვალი
devis awoke saw wishing stone

თავისავე ადგილასა დევს და ნაცარქექიაცა
its place-in was and even the good-for-nothing
[in its place]

ხვრინავს. გაუკვირდათ, კარები მაგრად მიხურეს და
was snoring (they) were surprised door strongly shut and

დაწვნენ დასაძინებლად. ნაცარქექიამ რამდენჯერმე
lied to sleep the good-for-nothing several times

გაიმეორა ეს თავისი ოინები. დევებს მობეზრდათ,
repeated these his tricks devis Fed up with

ცოფიანებივით	წამოცვივდნენ,	კარი	ჩამოიღეს	და
furiously	jumped up	door	pulled down	and

ცეცხლზე	დადეს.	კარი	რომ	დაიწვა	და	დევებსაც
in the fire	put (it)	door	when	was burned	and	devis

ღრმად	ჩაეძინათ,	ნაცარქექია	წამოდგა,	ნატვრის
deeply	fell asleep	the good-for-nothing	rose up	wishing

თვალი	ხელსახოცში	გამოახვია	და	გასწია	შინისაკენ.
stone	into towel	wrapped	and	went	to (his) home

მეორე	დილით,	დევები	რომ	წამოიშალნენ,	ნახეს,	აღარც
The next	mornig	devis	when	awoke	saw	neither

ნაცარქექიაა	იქა	და	აღარც	ნატვრის	თვალი.	აქეთ
the good-for-nothing was	there	and	nor	wishing	stone	here

ეცნენ,	იქეთ	ეცნენ,	მაგრამ,	ცამ	ჩაყლაპა
looked	there	looked	but	whether heaven	swallowed them

პირი,	თუ	დედამიწამ	ჩაყლაპა,	ვეღარა	გაიგეს
(in it's) mouth	or	earth	swallowed them	nothing	learned

რა.	წაუვიდათ,	წაუვიდათ	ხელიდან	ნაცარქექია.
what	(He) escaped	escaped	from (their) hands	the good-for-nothing

ის	კი	თავისთვის	არხეინად	მიდის	თავის	გზაზე:
He	but (however)	himself	joyfully	went	on his	way

აღარც	არაფრისი	ჯავრი	აქვს,	არც	ფიქრი;	უხარია,
no longer	any	care	had	nor	thought	(he) was excited

რომ	ახლა	ჩემთვის	უზრუნველად	ვიცხოვრებო.	იარა,
that	now	for me (himself)	without trouble	will live	He went on

იარა,	შემოეყარა	გზაში	ერთი	კომბლიანი	კაცი.
went on	he met	on the road	one	with stick	man
				[a man with a stick]	

კომბლიანმა უთხრა: ძმობილო, მაჭამე რამეო.
(The man) with stick said brother give me to eat something

ნაცარქექიამაც იკრა ჯიბეს ხელი, ამოიღო ნატვრის
The good-for-nothing put in his pocket hand took out wishing

თვალი, ინატრა და, რა გინდა სულო და გულო,
stone he wished and what wish soul and heart

ყველაფერი წინ გადაეშალათ. პურის ჭამა რომ
everything before them appeared bread eating when

გაათავეს, კომბლიანმა უთხრა ნაცარქექიას: მოიტა,
they finished (man) with stick said to the good-for-nothing give me

ეგ შენი ნატვრის თვალი ამ კომბალში გამიცვალეო.
that your wishing stone this in stick exchange

რა იცის მაგ შენმა კომბალმაო? - ჰკითხა
what knows that your stick inquired

ნაცარქექიამ. ვისზედაც ხელს გაუშვერ დაუძახებ -
the good-for-nothing to any one hand stretch toward call

"ჰურ კომბალ", ეცემა ცემით სულს
out stick (stick) will fall upon with beating of soul

ამოართმევსო. გაუცვალა ნაცარქექიამ ნატვრის თვალი
will empty Exchanged the good-for-nothing wishing stone

და წამოვიდა. ცოტა რომ გამოიარა, კომბალს უთხრა,
and went away short when passed to stick said

"ჰურ კომბალო" და წინანდელ პატრონს მიუსია. მისდგა
out stick and (its) former master pointed to started

ეს კომბალიცა იმდენი ურტყა იმ თავის წინანდელ
this stick as much struck him that its former

პატრონს, რომ სულ ძვალი და რბილი გაუერთა.
master until all bones and soft were combined

ცემით რომ კარგა დააოსა, მივიდა ნაცარქექია,
with beating when well weakened came the good-for-nothing

წაართვა ნატვრის თვალი, წამოიღო თან თავისი
took wishing stone took with him his

კომბალიცა და წამოვიდა.
stick too and went away

იარა, იარა და შეხვდა ერთ ხმლიან კაცსა.
(He) travelled travelled and met a (with) sword man

ხმლიანმა უთხრა: ძმობილო, გექნება, მაჭამე
(man) with sword said brother (if) you will give me to eat

რამეო. ნაცარქექიამ ამოიღო ნატვრის თვალი,
something The good-for-nothing took out (the) wishing stone

ინატრა და სულ საუკეთესო საჭმელ-სამელი გადეშალათ
wished and all the best meat and drink appeared

წინა. პურის ჭამას რომ მორჩნენ, ხმლიანმა
before (them) Of bread eating when finished (the man) with sword

უთხრა: მოიტა, ეგ შენი ნატვრის თვალი ამ ხმალში
said give me this your wishing stone this in sword

გამიცვალეო. რა იცის მაგ შენმა ხმალმაო? - ჰკითხა
exchange what knows that your sword inquired

ნაცარქექიამ. ვისაც მიუსევ, ასი ათასი თავიც
the good-for-nothing to any one stretch toward hundred thousand head

რომ ჰონდეს, ერთიც არ გადარჩება, ყველას თავებს
if had no one will not survive everyone's heads

დააყრევინებსო. გაუცვალა ამანაც ნატვრის თვალი და
will cut off exchanged he wishing stone and

წამოვიდა. ცოტას რომ გამოსცდა - "ჰურ კომბალო",
went away | short | when | passed | | out | stick

უთხრა კომბალს ნაცარქექიამ და მიუსია წინანდელი
said | to stick | the good-for-nothing | and | pointed to | former

ხმლის პატრონს. მისდგა ეს კომბალიცა და
of the sword | owner | approached | this | stick | and

სულ სიგრძე-სიგანე მისცა იმ ხმლის პატრონსა. მერე
all | length-width | gave | that | sword's | owner-to | after
[a full body beating gave] | | | [to that sword's owner]

მივიდა, წაართვა ის ნატვრის თვალიც და წამოვიდა.
went | took | that | wishing | stone too | and | went away

იარა, იარა და ერთ ნაბდიან კაცს შემოეყარა.
(He) travelled | travelled | and | one | with (a) felt cloak | man | met

ნაბდიანმა უთხრა: ძმობილო, მაჭამე
(The man) with (the) felt cloak | said | brother | give me to eat

რამეო. ნაცარქექიამ ამოიღო ნატვრის თვალი, ინატრა
something | The good-for-nothing | took out | wishing | stone | wished

და მშვენიერი სადილი მოერთვათ. პურის ჭამა რომ
and | delicious | dinner | appeared before them | of bread | eating | when

გაათავეს, ნაბდიანმა უთხრა: მოიტა, ეგ ნატვრის
finished | (man) with a felt cloak | said | give me | that | wishing

თვალი ამ ნაბადში გამიცვალეო. რა იცის მაგ შენმა
stone | this | in felt coat | exchange | what | knows | that | your
[in exchange for this felt coat]

ნაბადმაო? - ჰკითხრა ნაცარქექიამ. კაცს რომ თავი
felt coat | inquired | the good-for-nothing | man | if | head

ტანიდან გაშორებული ჰქონდეს და ამ ნაბდის ერთი
from body | separated | has | and | this | of felt coat | one

ბეწვი ზედ მოუსვა, თავი ისევ ტანს მიებმის და
speck upon apply head again on body will stick and

გაცოცხლდებაო. მისცა ნაცარქექიამ, ნატვრის თვალი,
(he) will live gave the good-for-nothing wishing stone

გამოართვა ნაბადი და წამოვიდა. ცოტა რომ
took felt coat and went away little (way) when

გამოიარა, მიუსია ის თავისი "ჰურ კომბალი" და ისე
went pointed that his out stick and such

გაახდევინა, რომ დაბეჟილ კომშს მოამსგავსა. მივიდა
made that wrinkled to quince was like came
(a beating gave)

მერე თითონ, წაართვა ის ნატვრის თვალიც და
after himself took that wishing stone too and

გამოსწია.
went away

ბევრი იარა თუ ცოტა, მოვიდა თავის სახლში. კომბალი
A lot walked or a bit (he) went his home-to The stick
[Whether he walked long or short] [to his home]

იქვე, კარებს უკან მიაყუდა, ცოლს მიესალმა და
over there door-of behind placed to (his) wife greeted and
[behind the door]

ასე უთხრა: აი, დედაკაცო, რეები მოგიტანეო და
so said here is woman what I brought and

გადმოულაგა წინ ხმალი, ნაბადი და ნატვრის
placed in front of her sword felt coat and wishing

თვალი. ცოლს თვალში ეცოტავა, მიჰყო პირი
stone Wife-of eye-in it was a little bit (she) opened (her) mouth
[in the eyes of his wife]

და მთელი ქვეყნის ტალახი თავზე ჩამოასხა.
and all of world dirt on (his) head cast
[scolded him a lot]

ნაცარქექიამ — The good-for-nothing
ითმინა, — bore it
ითმინა, — bore it
ბოლოს — finally
ვეღარ — no longer

მოითმინა, — he could bear it
"ჰურ — out
კომბალო", — stick
შესძახა — he called
თავის — his
კომბალსა. — stick

ეცა — Started
კომბალიც — stick
და — and
იმდენი — so much
ურტყა, — beat
სანამ — until
მე — my
და — and
შენ — you

მივეშველობოდით. — helped her
თითონ — Himself
კი — then
ჩაჯდა — sit down
თავის — his
პატარა — little

შვილებში, — with children
ამოიღო — took
თავისი — his
ნატვრის — wishing
თვალი, — stone
ინატრა — Wished
და — and

გადიშალა — was laid
ისეთი — such
სუფრა, — table
რომ — that
ჩიტის — bird's
რძეც — milk
კი — too
სუფრაზე — on the cloth

ედგათ. — had
შეექცევიან — enjoied
ისინი — they
სადილს — dinner
და — and
მიბეგვილი — beaten
ცოლი — wife

კი — but
ჩუმ-ჩუმად — silently
ქვეშ-ქვეშ — down
გამოიყურება — looked
და — and
მოსდის — was
ჯავრი — angry

თავის — with
თავზე. — herself
ითმინა, — she bore it
ითმინა, — bore it
ბოლოს — at last
ვეღარ — no longer
მოითმინა, — could bear it

წამოდგა — stood up
და — and
ქმარს — husband's
მუხლებზე — knees
მოეხვია. — enbraced
ქმარმაც — her husband

აპატია — forgave her
და — and
დაიწყეს — started
ტკბილი — sweet
ცოლ-ქმრობა. — marriage

რამდემინე — Some
ხნის — times
შემდეგ — after
ისე — so
გამდიდრდნენ — became rich
ამ — (with) this

ნატვრის — wishing
თვალით, — stone
რომ — that
სულ — all
ოქროს — golden
ჯამ-ჭურჭელი — tableware

გაიჩინეს. ერთხელ ცოლი აუტყდა ნაცარქექიას:
had once wife said to the good-for-nothing

გინდა თუ არა, ხელმწიფე დავპატიჟოთ და ერთი
(you) want or not king (we) must invite and one

კარგი ლხინი ვუჩვენოთო. ქმარი კი ეუბნებოდა:
good banquet must show (him) husband but said

არ იცი, ხელმწიფე შურიანია, ესენი რომ
(you) don't know king is envious these (things) if

ნახოს, ყველაფერს წაგვართმევს და ციხეში
he sees everything (he) will take from us and in prison

ჩაგვსხავსო. ცოლი იმდენს აუტყდა, იმდენი ეჯიჯინა,
will put us (The) wife so much whined so much pleaded

რომ ბოლოს ნაცარქექიაც დაითანხმა.
that at least the good-for-nothing consented

მოიწვიეს ხელმწიფე და, მართლაც, ჩინებული
(They) invited (the) king and really (a) magnificant

წვეულება გადაიხადეს. ლხინი რომ მორჩა, ხელმწიფემ
banquet made Banquet when was finished, king

ნატვრის თვალი სთხოვა. ნაცარქექიამ ვერ
wishing stone demanded The good-for-nothing did not

გამოიმეტა. ხელმწიფეს ეწყინა, მიუსია მთელი
wanted to spare it (The) king was enraged (he) sent whole

თავისი ჯარი და ძალით წართმევა უბრძანა. ეგრე კი
his army and by force to take it ordered Like this but

არ უნდაო, თქვა თავის გულში ნაცარქექიამ, და მაშ
not to do said (in) his heart the good-for-nothing and so

თუ	ძალაზე	მიდგა	საქმე,	ძალას	მე	გიჩვენებთო.	თქვა
when	in force	came	turn	strength	I	will show you	said
	[they turned out in force]			[I will show my strength]			

ეს	თუ	არა,	ჯარს	ხმალი	მიუსია	და	ხემწიფეს
this	or	not	at the army	sword	(he) pointed	and	at the king

კომბალი.	ხმალმა	მთელ	ჯარს	თავები	დააყრევინა	და
stick	sword	(to) all	army	heads	cut off	and

კომბალმაც	რიგიანად	მიტყიპა	შურიანი	ხელმწიფე.
(the) stick	well	beat	(the) envious	king

იკადრა	ხელმწიფემ	და	ნაცარქექიას	ხვეწნა	დაუწყო:
Begged	(the) king	and	to the good-for-nothing	pleading	began

ოღონდ	ეგ	ჩემი	კარი	ისევ	დამიცოცხლე	და	შენი
only	these	my	soldiers	again	bring back to life	and	your

არა	მინდა	რა,	ღმერთმა	მშვიდობაში	მოგახმაროსო.
(I) don't	wish	nothing	God	in peace	lets you use (them)

მაშინ	ადგა	ნაცარქექია,	აიღო	ნაბადი,	ერთი	ბეწვი
then	arose	good-for-nothing	took	felt coat	one	speck

ყველას	ყელზე	მოუსვა	და	ჯარი	ისევ	დაუცოცხლა.
to everyone	on the neck	applied	and	army	again	restored to life.

ხელწიფემ	ვეღარ	გაბედა	იმისი	მტრობა,	ცოლიც
(The) king	no longer	dared	his	emnity	wife too

ყოველთვის	ემორჩილებოდა	და	ცხოვრობდნენ	ბედნიერად.
always	obeyed him	and	(they) lived	happily

Three Sisters And Their Stepmother

დედინაცვალი და სამი ქალი
(The) stepmother and three woman
[The stepmother and the three women]

იყო ერთი გლეხი კაცი, ჰყავდა სამი ქალი. ამ
There was one peasant man he had three daughter(s) This

კაცს ცოლი მოუკვდა, სხვა შეირთო. დედინაცვალმა
man's wife died another he married (The) stepmother

ეს თავისი გერები ჭირივით შეიჯავრა და ამ
these her stepdaughters like the plague hated and (after) this

დღიდან თავის ქმარს სულ იმას ჩასჩიჩინებდა, წაიყვა
day to her husband always that was saying take

ეს შენი შვილები, თავიდან მომაშორეო.
those your children from my head rid me of
[get rid of them for me]

მამის ჯიგარი აბა ამაზე როგორ დასთანხმდებოდა
(The) father's liver so on this how would accept
[How could the father accept this]

და ხან რითი უმშვიდებდა გულს, ხან რითი.
and or with what was calming (her) heart or with what
[how to appease her]

დედინაცვალი თავისას არ იშლიდა: შეაგდო ქვა და
(The) stepmother her was not stopping throw stone and

შეუშვირა თავი. ბოლოს ამითი რომ ვერას გახდა,
hovered head Finally with this that nothing became (happened)

ავადმყოფობა მოიმიზეზა. ჩაწვა ლოგინში, ჩაილაგა შიგ
illness (she) faked lay in bed placed inside

დამხმარი ლავაშები და დაიწყო კრუსუნი. გადაბრუნდება
dried breads and started sobbing (She) turned

ერთ გვერდზე, აუყენებს ლაწალუწს დამხმარ ლავაშებს
one side-on makes crack (the) dried breads

და იძახის: დამელეწა გვერდები, დამელეწაო;
and says I've broken (my) sides I've broken

გადმობრუნდება მეორე გვერდზე - ასევე; მიზეზს კი
turns other side the same cause but

სულ თავის გერებსა სდებდა. ქმარმაც რომ
all her stepdaughters was accusing Husband that

ვეღარა გააწყო რა, დასთანხმდა.
nothing else couldn't what (so he) agreed
[could not do anything else]

წავიდა ტყეში, შეიგულა იქ ერთი კარგი მსხმოიარე
He went in the forest found there one good bearing

ვაშლის ხე, ამოთხარა იმის ქვეშ ორმო, წამოიღო
apple tree dug it under hole took
[dug a hole under it]

თან სათითაო ვაშლი და წამოვიდა. შინ რომ
with (him) for each (one) (an) apple and went (home) Home when

მოვიდა, ყველას თითო-თითო ვაშლი დაურიგა. ქალებს
came to everyone per-per apple distributed women
(each an)

ვაშლი ეგემრიელათ. მამასა ჰკითხეს: ეს ვაშლები
apple found delicious (The) father (they) asked these apples

სად იშოვე, ცოტა მეტს ვერ წამოიღებდიო? მამამ
where found some more could not bring (The) father

უთხრა: ეგ ვაშლი ტყეში ძალზე ახუნძლია, მაგრამ
told them this apple (tree) in the forest (is) very filled but
(full)

ხელი ხელთ არა მქონდა და მეტი ვერ წამოვიღე.
hand in hand not I had and more could not take

თუ	გინდათ,	წავიდეთ	ერთად:	მე	დავარხევ,	თქვენ
If	you want	lets go	together	I	will shake	you

აკრიფეთ	და	მოზიდეთო.	ქალებს	გაუხარდათ	და
will gather (them)	and	bring (them) away	(The) women	were happy	and

მამას	ტყეში	გაჰყვნენ.
with (their) father	in the forest	went

მამამ	იმათ	მალულად	ორმოს	ფარდაგი
(The) father	from them	secretly	(a) hole	with (a) carpet

გადააფარა.	ქალებს	უთხრა:	მე	ავალ
covered	To (his) daughters	(he) told	I	will climb

ვაშლზე,	დავარხევ	და	მინამ	არ	გითხრათ,
on the apple (tree)	I will shake down	and	until	I don't	tell you

ნუ	აჰკრეფთ.	მერე,	როცა	გეტყვით,	ყველანი	ერთად
don't	gather (them) up	Then	when	I will tell you	all	together

მისცვივდით	და	ვინც	რამდენი	აიღოს,	იმისი	იყოსო.
scramble	and	who	how much	will take	her	let be

[let anyone take as much as they can]

მამა	ავიდა	ხეზე	და	კარგა	რომ	დაარხია,
(The) father	climbed	on the tree	and	strongly	when	shook

დაუძახა	თავის	ქალებს:	აბა,	ვინ	წინა	და	ვინ
he called	her	daughters	so	who	(will be) in front	and	who

უკანაო;	ქალებიც	ეცნენ	ერთბაშად	ფარდაგს;
(will be) in back	women	rushed	at once	to the carpet

ფარდაგმა	ვერ	გაუძლო,	ჩავარდა	ორმოში	და
(the) carpet	could not	resist	(it) fell	into the hole	and

სამივე	ქალი	თან	ჩაიტანა.	მამამ	კიდევ	ბლომად
the three	woman	with (it)	took	father	much	more

ჩაუყარა	შიგ	ვაშლები,	გაანება	იქ	თავი	და
threw down	in	apples	left (them)	there	head (by themselves)	and

წამოვიდა.
went away

ქალები	ჯერ	ვერ	მიხვდნენ	მამის	საქციელს,
Woman (The women)	at first	could not	understand	father's (their father's)	conduct

მაგრამ	მერე	დაწმუნდნენ,	რომ	მამამ	თურმე
but	then	(they) became certain	that	father (their father)	turned out

განგებ	გამოიტყუა	ისინი	ტყეში	და	თქვეს:	ეს
on purpose	lured	them	in the forest	and	(they) said	this

საქმე	სულ	იმ	ჩვენი	ავი	დედინაცვლის	ბრალიაო,
case	(is) totally	that	our	evil	stepmother's	fault
		[the fault of that evil stepmother of ours]				

მაგრამ	რაღას	უშველიდნენ.	სხედან	ეს	ქალები
but	what	they could help	are sitting	these	women

იმ	ორმოში	და	ტირიან.	ტირიან,	ტირიან	რომ
that	in hole	and	are crying	(They) are crying	crying	that
[in that hole]						

პირისახეს	სულ	ფრჩხილით	იკაწრიან;	იმათის	ტირილით
face	all	with nail	are scratching	with their	cry

ზევით	ცა	ირყევა	და	ძირს	დედამიწა.	ბოლოს
above	heaven	is shaking	and	beneath	earth	Finally

ვაშლიც	გამოელიათ.	იფიქრეს,	იფიქრეს	და	ასე
(the) apples	were finished	they thought	they thought	and	so

გადაწყვიტეს:	ყველამ	ნეკებიდან	სისხლი	გამოვიშვათ	და
decided	everyone	from (his) pinky	blood	should let	and

ვისი	სისხლიც	უფრო	გემრიელი	იყოს,	ის	შევჭამოთო.
whose	blood	more	delicious	will be	him	(we) will eat

გამოიშვეს სისხლი; ნახეს, გემოთი ყველაზე გემრიელი
(They) let blood (they) found with test the most delicious

უმცროსი დის სისხლი გამოდგა. უმცროსი და
(the) yourngest sister's blood was (The) yourngest sister

შეეხვეწათ: დებო, ოღონდ ნუ შემჭამთ და აი სამი
asked (them) sisters only don't eat me and there are three

ვაშლი მქონდა ცალკე დამალული, ეს თქვენა ჭამეთ
apple I had separately hidden these you eat

და მინამ ღმერთი გვაგონებს რასმეო.
and perhaps God will teach us something

თითონ კი ორივ მუხლით დაიჩოქა და
Itself but with both knees kneeled down and
[They kneeled down]

ღმერთს ევედრებოდა: ღმერთო, შენი სახელის ჭირიმე,
to God was praying God your name blessed
[prayed to God] [For Thy name's sake]

ერთი ხელი ბარად მიქციე, მეორე ნიჩბადო!
one hand into (a) shovel turn (the) other into (a) spade
(of my hands)

შეუსმინა ღმერთმაც ვედრება. ერთი ხელი ბარად
Heard God (her) prayer One hand into (a) shovel

უქცია, მეორე ნიჩბად. მისდგა ეს ქალიც და ცალის
turned (the) other into (a) spade Started this woman and with one

ხელით ორმოსა სთხრის, მეორით მიწას გამოეხვეტება.
hand (a) hole was digging with other soil (she) was shovelling

თხარა, თხარა და ერთი თაგვის სორო გამოთხარა.
(She) dug dug and one mouse's hole (she) dug up

გამოიღო იქიდან კაკლები, თხილები და თავის დებს
(She) took from there walnuts nuts and (to) her sisters

მიაწოდა. სანამ ესენი ამითი პირს
gave (them) While these (sisters) this with mouth

გაიცმაცუნებდნენ, იმან ერთი საჯინიბოს კედელი
were tasting she one stable's wall

გამოანგრია. თურმე ეს საჯინიბო იქაური
broke down Turned out this stable of there (of that country)

მეფისა იყო. შიგ ცხენები ება და
to king belonged Into (it) horses were placed in harnesses and

სულ ნუშ-ქიშმიშს უყრიდნენ. შეეჩვივნენ ეს ქალები
all almonds and raisins gave (them) accustomed these women

ამ საჯინიბოს, იპარავდნენ ნუშ-ქიშმიშსა და იმათი
to this stable (they) were stealing almonds and raisins and with it

იკვებებოდებ. მეჯინიბეებს კი უკვირდათ: ნეტა
were feeding (The) grooms but (however) were surprised (they) wondered

ვინ იპარავს ამოდენა ნუშ-ქიშმიშს, რომ ცხენები ესე
who steals so many almonds and raisins that (the) horses so

შიმშილით გვეცოხებიანო.
of starvation are dying

პატარა დამ ამ თხრაში ახლა ერთი ბებრის
(The) youngest sister (while) this digging now one old woman's

ქოხის ფანჯარა გამოანგრია. იმ ქოხის პატრონი
hut's window broke That hut's mistress

ბებერი ყოველ დილა წირვაზე დადიოდა.
(an) old woman every morning to mass went

გაიგულებდნენ სადმე ბებერს თუ არა, ქალები
When (they) ensured somewere old woman but not (the) women
[After they ensured the old woman was not at home]

ქოხში შეიპარებოდნენ, მიულაგ-მოულაგებდენ,
into the hut entered cleaned and tidied

დაუწმენდ-დაუგვიდნენ, ლობიოს ცეცხლზე შეუდგამდნენ,
swept bean(s) on the fire put (to cook)

თავის საკმარის პურს მოიტეხდნენ და ისევ
for themselves sufficient bread broke and again

გამოიპარებოდნენ. მოდიოდა ბებერი,
stole away (When) came (the) old woman

გაკვირვებული რჩებოდა: ნეტა, ეს ვინ არის, რომ
surprised [she became] became (I wish to know) this who is that

ესე მიგვის აქაურობას და ან ვინა მპარავს
like this sweeps (for me) here and or who steals (me)

პურსაო, თუ არ შევიტყე, არ იქნებაო.
bread if not I know not will be

ერთ დღეს წირვაზე აღარ წავიდა. გაეხვია ერთ
One day to mass no more went [One day she did not go to mass] (She) rolled (herself) in a

ჭილობში და კეტივით კარებზე აეყუდა. ქალები
mat and like a stick near the door stuck (herself) up (The) women

მოტყუვდნენ: ეგონათ, ბებერი წარვაზე წასულაო და
were tricked they thought (the) old woman to mass went and

თითო-თითოდ ქოხში შემოიპარნენ. ბებერი ცალის
one by one into (the) hut stole (The) old woman with one

თვალით გაიყურება ჭირობიდან, ხედავს და თვალებს
eye looked from mat sees and to (her) eyes

არ უჯერებს. ნახა, რომ სამი ქალი შემოვიდა,
doesn't believe (she) found that three woman (women) entered

ერთი მოორის უმჯობესი, -
one more than second better

სწორედ	მზეთუნახავებსა	ჰგვანან.	უყურა,	უყურა,
exactly	beauties	were like	(She) looked	looked
	[they were just beautiful]			

ვეღარ	მოითმინა,	გადაიძრო	ჭილობი,	ეცა	ერთ
could not	stand (it)	threw off	(the) mat	seized	one

იმათგანს	და	ხელში	დაბღუჯა.	უთხრა:	რა	ხარ,
of them	and	in (her) hands	captured	(She) said	what	are you

რა	სულიერი	ხარ?	ადამიანი	ხარ	თუ	ანგელოზიო?
what	spirit	you are	Human	you are	or	angel
	[are you a spirit]					

ქალმა	უპასუხა:	ჩვენ	სამნივ	დები	ვართ,	ადამიანები
woman	answered	we	all three	sisters	are	humans
(The women)						

ვართო.	ასე	და	ასეა	ჩვენი	საქმეო	და	მოუყვა
we are	like this	and	like this is	our	story	and	(they) told her

თავიანთ	ამბებს.	ბებერს	ძალიან	გაუხარდა	ამ
their	stories	(the) old woman	very	delighted	these
			[was delighted]		

სამი	დის	პოვნა	და	თავისი	თვალის	ჩინივით
three	sister	to have found	and	(like) her own	eye's	sight
	(sisters)					

უფრთხილდებოდა.	როცა	თვითონ	სადმე	მიდიოდა,
was caring	When	herself	somewhere	went

ამათ	გოდრებ	ქვეშ	ამოსხამდა,	არავინ	მოატყუოთ
they (sisters)	baskets	under	was hiding	nobody	deceive
			(were hiding)		

და	არ	წამართვასო.
and	doesn't	take them away from me

ერთხელ	ბებერი	წირვაზე	წავიდა,	ქალები	გოდრებ
Once	(the) old woman	to mass	went	(the) women	baskets

ქვეშ	ამოსხა	და	კარები	გარედან	გადაურაზა.
under	(she) hid	and	(the) door	from the outside	(she) locked

ქალები რაღაც გუნებაზე მოვიდნენ, ქიშმიში მოუნდათ.
(The) women suddenly mood had raisin wanted

ადგნენ, გოდრები გადიხადეს და საჯინიბოში შეიპარნენ.
stood up baskets took off and into the stable crept

ის იყო, დაუწყეს ქიშმიშს პარვა თუ არა, მეჯინიბემ
just as (they) started raisin to steal but not groom

შემოასწროთ, შეიპყრა სამივე და მეფეს
hastened in seized the three (sisters) and before the king

წარუდგინა. მეფემ გამოჰკითხა თავიანთი
took (them) (The) king asked their

თავგადასავალი, ქალებიც მოუყვნენ და ყველაფერი
story (the) women told and all

დაწვრილებით უამბეს. მერე ისევ მეფემა ჰკითხა: ვინ
in details announced then again king asked who

რა ხელობა იცით, მითხარითო, უფროსმა დამ უთხრა:
what craft knows tell me eldest sister said

მე ისეთ ხალიჩას მოვქსოვ, რომ მთელი შენი
I such a carpet will knit that all your

ჯარი-ჯამაათი ზედ დასხა, ნახევარი კიდევ
army on (it) can sit half (of carpet) still

გადიკეცებოდესო. შუათანამ მოახსენა: მე ერთი
can be rolled middle (sister) anounced I one

კვერცხის ნაჭუჭში იმოდენა საჭმელს მოვხარშავ, რომ
egg's shell as much food will boil that

მთელ შენს ჯარ-ჯამაათს გასწვდეს და ნახევარიც კიდევ
(for) all your army will enough and half still

ნაჭუჭში დარჩესო, უმცროსსა ჰკითხა: შენ რაღა
in shell will remain to the youngest (sister) (he) asked and you what

იციო?	იმანაც	მოახსენა:	მე	ოქროსქოჩრიანი	ვაჟები
do you know	She	said	I	golden-haired	sons

ვიციო.	ეამა	მეფეს.	უმცროსი	ცოლად
know (to bear)	was pleased	(the) king	(The) youngest (sister)	as wife

შეირთო	და	იმისი	დები	გამოსცადა.	მაგრამ
wedded	and	her	sisters	examined	but

უფროსის	მოქსოვილ	ხალიჩაზე	ერთი	კაციც	ვერ
senior's (on the eldest sister's)	knitted	carpet	(no) one	man	could

მოიკეცავდა	და	შუათანას	მოხარშული	საჭმელი	ერთ
sit	and	middle's	boiled	food	(for no) one

ჩიტსაც	ვერ	გააძღებდა.	მეფე	გაჯავრდა	და	უმცროს
bird	would be	enough	king	became angry	and	to youngest

დას	ასე	უთხრა:	თუ	შენც	მომატყუე,	იცოდე,
sister	that	told	if	you too	deceived me	know (you have to know)

ცოცხლები	ვერ	გადამირჩებითო.
alive	can not	survive (me)

[that I will not let you live]

გავიდა	რამდენიმე	ხანი,	ქალი	დაორსულდა.
(There) passed	some	time	(the) woman	became pregnant

ლოგინზე	დაწოლის	დრო	რომ	უახლოვდებოდა,	მეფეს
on the bed	(of) lying	time	when	was approaching	(against) king

მტრები	აეშალნენ.	მეფე	მოემზადა,	საომრად	წავიდა
enemies	revolted	(The) king	prepared	to fight	went

და	შინ	ეს	ამბავი	დაადგო:	თუ	ჩემს	ცოლს	ვაჟი
and	home	this	story (order)	left	if	my	wife	(a) son

ეყოლოს,	ხმალი	გამოჰკიდეთ,	თუ	ქალი	-
will bear	(a) sword	suspend (over the house)	if	(it's a) daughter	

ჯარა	გამოდგით,	რომ	ერთის	შემოხედვითვე
(a) spinning-wheel	hang up	In order to	at first	glance

ვიცოდეო.	რამდენიმე	ხნის	შემდეგ	ცოლი	ლოგინად
I know	some	time	after	wife	to bed

დაწვა.	იმისმა	დებმა	მელოგინესთან	არავინ	შეუშვეს;
lied	Her	sisters	to pregnant	no one	allowed to enter

თითონ	პატრონობდნენ	და	თითონვე	მოალოგინეს.
(they) themselves	were tending her	and	themselves	nursed

ქალს	მართლა	ოქროსქოჩრიანი	ვაჟი	ეყოლა.	დებს
woman	really	golden-haired	son	brought	sisters

ეწყინათ,	რომ	იმათი	უმცროსი	და	პირნათლად
were angry	that	their	youngest	sister	truthful

გამოვიდა	ხელმწიფესთან	და	ისინი	კი	პირშავად
was proved	in the sight of the king	and	they	but (however)	liars

იყვნენ,	-	უნდოდათ	ისიც	პირშავი	გამოსულიყო.
were		(they) wanted	(that) she too	(a) liar	was

ადგნენ	და,	დედას	არც	კი	დაანახვეს,
(They) decided	and	to mother	don't (not)	even	showed

ოქროსქოჩრიანი	ვაჟი	ააცალეს	და	იმის	მიგიერ	ლოგინში
(the) golden-haired	son	(they) took	and	in his	place	in the bed

ძაღლის	ლეკვი	შეუგორეს.	ყმაწვილი	მოსაკლავად	ვერ
(a) dog's	puppy	put	(The) boy	to kill	did not

გაიმეტეს,	გააკეთებინეს	კიდობანი,	ჩააწვინეს	შიგა	და
dare	(they) made	(an) ark	laid (him)	in (it)	and

მდინარეს	მისცეს.	მდინარემაც	ატარა,	ატარა
in the river	put (it)	(The) river	carried (it) away	carried (it) away

და	ერთი	წისქვილის	ღარში	ჩასჭედა.	ღარში	წყალი
and	(in) one	mill's	race	stucked (it)	in the race	water

შეგუბდა,	წისქვილი	დადგა.	გამოვიდა	მეწისქვილე.	ნახა,
dammed up	mill	stopped	Came out	(the) miller	(He) saw

ღარში	კიდობანი	გეჭედილა.	ამოიღო,	აჰხადა,	შიგ
in the race	(an) ark	is fixed	(He) took (it) up	opened	into

ოქროსქოჩრიანი	ვაჟი	იწვა	და	ამოიყვანა;	თითონ
gold-haired	boy	was lying	and	took (him) out	himself

უშვილო	იყო	და	ზრდა	დაუწყო.	დებმა	კი
childless	was	and	to bring up	(he) began	(The) sisters	but (however)

კარზე	ფილთაქვა	გამოჰკიდეს.	დაბრუნდა	მეფე
over (the) door	(a) stone mortar	hung up	Returned	(the) king

ომიდან.	ნახა	ფილთაქვა,	გაუკვირდა,	იკითხა:	ეს
from (the) war	(He) saw	(a) stone mortar	(he) was surprised	(he) asked	this

რა	ამბავია?	რა	ეყოლა	ჩემ	ცოლსაო:	მოახსენეს:
what	(the) matter is	What	brought forth	my	wife	(they) told

ძაღლის	ლეკვიო,	ეწყინა	მეფეს,	მაგრამ	იფიქრა
(a) dog's	puppy	became angry	(the) king	but	thought

გუნებაში:	იქნება	გვიმტრო	ვინმემ,	ამჯერად
in (his) mind	perhaps	became hostile (to us)	someone	this time

ვაპატიებ,	ვნახოთ,	მეორეზე	რა	ეყოლებაო.
I will forgive her	lets see	next time	what	she will bring forth

გავიდა	ერთი	წელიწადიც,	ცოლი	მეორედ
(There) passed	one	year	(the) wife	(for a) second time

დაორსულდა.	ერთხელ,	როცა	მეფე	სანადიროდ
became pregnant	Once	when	(the) king	hunting

ბრძანდებოდა,	დედოფალს	მუცელი	მაშინ	ასტკივდა.
was	(the) queen	abdomen	then	pain began

იმისმა	დებმა,	როგორც	პირველად,	დედოფალთან	არავინ
Her	sisters	as	first	with queen	nobody

შეუშვეს,	თითონ	მოამშობიარეს.	ქალს	კიდევ
allowed to enter	themselves	(helped with childbearing)	woman	again

ოქროსქორჩიანი	ვაჟი	ეყოლა.	დებმა	ისევ	მალვილ
golden-haired	son	had	sisters	as before	secretly

აართვეს	და	ლოგინში	კატის	კნუტი	შეუგორეს.
took (him)	and	in the bed	(a) cat's	kitten	put

ოქროსქოჩრიანი	კი	ისევ	ისე	კიდობანში	ჩააწვინეს
(The) golden-haired (boy)	but (however)	as	before	in (an) ark	put

და	ისევ	წყალს	მისცეს.	ისიც	ისევ	იმ
and	again	in (the) water	put	him	as before	(so) that

მეწისქვილემ	დაიჭირა	და	იშვილა.	დებმა	კარებზე
(the) miller	found (it)	and	(him) adopted	(The) sisters	at the door

ისევ	ფილთაქვა	დაჰკიდეს.	მეფე	რომ	ნადირობიდან
again	(a) stone mortar	hung up	(The) king	when	from hunting

სახლში	მობრძანდებოდა,	ფილთაქვა	დაინახა.
at home	was returning	(the) stone mortar	(he) saw

ცეცხლივით	აენთო	და	თვალებიდან	ნაპერწკლებს
like fire (of rage)	(he) burned	and	from eyes	sparks

ჰყრიდა.	გამოაყვანინა	ის	თავისი	ცოლი,	კამეჩის
(he) was shooting	(He) took out	that	his	wife	(in) bull's

ტყავში	გაახვევინა	და	იქვე,	სასახლის	წინ,
skin	wrapped (her)	and	over there	palace	in front of

სვეტზე	მიაკვრევინა.	გამვლელ-გამოვლელთ	უნდა	პირში
to a column	bound	(The) passers	had to	in mouth

ეფურთხებინათ	და	ეცემათ.	ასე	უსამართლოდ
spit (her)	and	beat (her)	So	unjustly

იტანჯებოდა	ალალ-მართალი	ადამიანი.	ის	მეწისქვილე
was suffering	(an) honest	person	That	miller

კი	იმ	ოქროსქორჩიანებს	თავისი	ორსავ	თვალივით
but (however)	these	golden-haired (boys)	as his own	two	eyes

უფრთხილდებოდა.	ყმაწვილებიც	ძალიან	ღონივრები,
was caring for	(The) boys	(were) very	strong

გულთმისნები	და	ლამაზები	გამოვიდნენ.	ვინც	წლით
wise	and	handsome	became	Who	by years

იზრდებოდა,	ისინი	დღით	იზრდებოდნენ.
was growing	they	by days	were growing

ერთხელ	მეფე	სასეიროდ	გამობრძანდა.	ნახა,
Once	(the) king	to walk	went	(He) saw

ერთგან	ყმაწვილები	შეგროვილან	და	თამაშობენ;	მაგრამ
at one place	boys	were gathered	and	were playing	but

იმდენ	ყმაწვილებში	ორი	ყმაწვილი	სრულიად	ირჩეოდა.
among	(those) boys	two	boys	completely	excelled

ხელმწიფეს	ძალიან	მოეწონა	ეს	ორი	ყმაწვილი,	თვალი
(The) king	very much	liked	these	two	boys	(his) eye

ზედ	დარჩა.	უყურებს,	უყურებს	და	იმათი	ცქერით
on (them)	left	(He) looks	looks	and	(at) them	looking

ვერა	ძღება,	უნდა	სულ	იმათ	უყურებდეს.	შეამჩნია,
can't be	tired	wants	always	(at) them	look	(He) noticed

კიდეც,	რომ	თითონ	იმასა	ჰგვანდენ	და	უკვირდა:
even	that	him	self	resembled	and	(he) was astonished

ნეტა	ესე	ძალიან	მე	რადა	მგვანანო?	მაგრამ	მაინც
I wonder	so	much	me	why	(they) resemble	But	still

ვერას მიხვედრილიყო. ამ დროს ერთ ძმას
nothing couldn't guess At this time one brother

თამაშობაში ქუდი მოვარდა და ოქროს ქოჩორი
while playing (the) hat fell (from his head) and golden hair

გამოუჩნდა. მეფე მაინც კიდევ გონს ვერ მოვიდა.
appeared (The) king still again mind not could

იკითხა: ვისი შვილები არიანო? უპასუხეს -
(He) asked of who (these) children were (He) was answered

მეწისქვილისაო.
of the miller.

მეორე დღეს მეფეს წვეულობა ჰქონდა გამართული და
(The) next day king (a) banquet had gave and
[gave a banquet]

ის მეწისქვილეც დაპატიჟა თავისი ოქროსქორჩიანი
that miller (he) invited too (with) his golden-headed

ვაჟებითა. ყმაწვილებმა, მეფის ეზოში რომ შევიდნენ,
sons (The) boys king's (in) courtyard when entered

ნახეს, ერთ სვეტზე ქალია მიბმული. ახედ-დახედეს,
saw one to a column woman was bound looked long

აათვალიერ-ჩაათვალიერეს და იერზე მიჰხვდნენ, რომ ის
inspected and on face guessed that she

იმათი დედა უნდა ყოფილიყო.
their mother had to be

მიიხედეს იქვე, გვერდზე, მზარეული კაკაბსა სწვავს.
(They) looked there at side cook partridge was roasting

მიბრუნდა უფროსი ძმა, ჩამორთვა მზარეულს შამფურზე
turned elder brother took from cook on the spit

აგებული კაკაბი, ჩაჯდა ცეცხლნაპირას და ატრიალებს
fixed partridge sat down by the fireside and turns round

კაკაბსა. კაკაბი რომ კარგა დაწითლდა, დაბრაწდა,
partridge (The) partridge when well reddened roasted

ზღაპრის თქმას მოჰყვა. ყველამ ყურები ცქვიტა და
fairytale telling (he) began Everyone ears pricked up and

პირში შეჰყურებდნენ. ზღაპრად ყმაწვილმა თავისი
in face were looking In (the) fairytale (the) boy her

დედის ამბავი დაიწყო. როცა იმ ადგილს მივიდა,
mother's story began (to tell) When (to) that place went

რომ დედაჩემს ოქროსქოჩრიანი ვაჟები ეყოლა, მაგრამ
that my mother golden-haired sons brought forth but

დებმა უმუხანათესო, ასე დააბოლოვა: თუ ეს
(her) sisters committed treason so (he) finished if it

მართალი იყოს, გასკდეს კამეჩის ტყავი და
true is (let) burst (the) bull's skin and

განთავისუფლდეს დედაჩვენიო. გასკდა მართლაც კამეჩის
free our mother Burst really (the) bull's

ტყავი და გამოვიდა იმათი დედა.
skin and went out their mother

მერე,	როდესაც	იმან	თავისი	ზღაპარი	სრულებით
After	when	he	his	fairytale	completely

დაათავა,	მივიდა	მეორე	ძმა,	ჩამოართვა	უფროს
finished	came	(the) second	brother	took	(from the) elder

ძმას	შამფური	და	თქვა:	თუ	ყველა	ეს	ჩემი	ძმის
brother	(the) spit	and	said	if	all	this	my	brother's

ნათქვამი	მართალია	და	ეგ	ნამდვილი	დედაჩვენია,	ამ
tale	is true	and	she	really	is our mother	this

შემწვარ	კაკაბს	ფრთები	გამოესხას	და	გაფრინდესო.
fried	partridge	feathers	will have	and	will fly

მართლაც,	დაბრაწულ	კაკაბს	გამოესხა	ფრთები	და
Really	(the) roasted	partridge	had	feathers	and

გაფრინდა.	ხალხი	პირღია	დარჩა.	გაკვირვებულმა
(it) flew off	(The) people	open-mouthed	remained	(The) surprised

მეფემ	ბრძანა,	იმწამსვე	მოეყვანათ	ის	შურიანი	დები,
king	ordered	immediately	(to) bring	those	jalous	sisters

გამოებათ	ცხენების	ძუაზე	და	ისე	ეთრიათ,	ის
bound (them) to	horses	tails	and	so	drag	those

ყმაწვილები	და	იმათი	დედა	კი	მეფემ
boys	and	their	mother	but (however)	(the) king

თავის	სასახლეში	მიიღო	და	ძალიან	უხაროდა,	რომ
his	in palace [in his palace]	took	and	very	rejoiced	that

ტყუილ-მართალი	ნამდვილად	შეიტყო	და
lie and right (truth and lie)	correctly	learned	and

ოქროსქორჩიანი	ვაჟები	არ	დაკარგა.
(the) golden-haired	sons	did not	lost

[that he did not lose the golden-haired sons]

The Frog's Skin

ბაყაყის ტყავი
(The) frog's skin

იყო სამი ძმა. მოინდომეს ცოლების შერთვა.
There were three brothers They wished wives to marry

თქვენს: ვისროლოთ თითო ისარი და ვისი ისარიც სად
they said let us shoot each arrow and whose arrow where

ჩაეცეს ცოლები იქიდან მოვიყვანოთო. გაჰკრეს ისრები:
falls wives from there take They shot arrows

უფროსი ძმის ისარი ჩაეცა ერთი აზნაურის სახლში,
(the) elder brother's arrow fell a noblemen's house-in
[fell in a nobleman's house]

მეორისა - მეორისაში და უმცროსისა
(the) second (brother)'s in (a) second (noblemen)'s and (the) youngest'

კი ერთ ტბაში. უფროსმა ძმამ იმ აზნაურის
but (however) in a lake (The) elder brother that (who) (the) noblemen's

ქალი მოიყვანა ცოლად, შუათანამ მეორე
daughter took as wife (the) middle (brother) (the) second

აზნაურისა, უმცროსი კი წავიდა იმ
nobleman's (daughter) (the) youngest but (however) went that

ტბის პირას; ნახა, ტბიდან ერთი ბაყაყი გამოცოცდა
lake's shore-to was out of the lake a frog crept
[to the lake shore]

და ერთ ქვაზე დაჯდა. მივიდა, აიყვანა და სახლში
and on a stone sat down He went took it up and at home

წამოიყვანა. მოვიდნენ სახლში ძმები და მოიყვანეს
took it Came home (the) brothers and brought

თავიანთი საბედოები: უფროსებმა - აზნაურის ქალები
their brides (the) elders (the) nobleman's daughters

და უმცროსმა - ტბის ბაყაყი.
and (the) youngest (the) lake's frog

ძმები სამუშაოდ დადიოდნენ, ცოლები სადილს
(The) brothers to work went out (the) wives dinner

ამზადებდნენ და სახლ-კარს უვლიდნენ; ბაყაყი კი
prepared and home-for cared (the) frog but (however)

იჯდა კერასთან და თვალებს აბრიალებდა. ასე
was sitting by the fire and eyes-with (with its eyes) swirled Like this

სიყვარულითა და თანხმობით ცხოვრობდნენ კარგა ხანს.
in love and harmony they lived (a) long time

ბოლოს მოსწყინდათ აზნაურ რძლებს ამ ბაყაყის ცქერა
Finally wearied of noble sisters-in-law this frog-of sight

[Finally the noble sisters-in-law wearied of the sight of the frog]

და სახლს რომ გამოჰგვიდნენ იმ ბაყაყსაც ნაგავს
and house when they swept that frog too with the dust

[when they swept the house]

გამოაყოლებდნენ ხოლმე. თუ იმ დროს უმცროსი ძმა
threw out used to If that time the youngest brother

წამოესწრებოდა, აიყვანდა, ისევ სახლში შემოიყვანდა,
found it he took it up again in the house brought

თუ არადა თვითონ ბაყაყი სკუპ-სკუპით შემოვიდოდა და
if not itself frog jump-jump with in came and

[would hop back]

ისევ კერის წინ წამოსკუპდებოდა. აზნაურ რძლებს ეს
again the fire by placed (The) noble sisters-in-law this

არ მოსწონდათ და თავიანთ ქმრებს ეუბნებოდნენ:
did not like and to their husbands said

გააგდებინეთ ეს ბაყაყი, ნამდვილი ცოლი მოიყვანოსო.
drive out this frog (a) real wife get (for your brother)

ძმებიც ყოველდღე ამას ჩასჩიჩნებდნენ უმცროს ძმას;
(The) brothers every day that bothered youngest brother

ის კი ასე უპასუხებდა: ჩემმა ბედმა ეგ მარგუნა,
he but (however) like this replied my fate it gave me

ალბათ, მაგის მეტის ღირსი არა ვყოფილვარ, მაგას
perhaps of it better worthy not I am to it

უნდა დავჯერდეო. რძლებმა თავისი ჰქნეს: ისე
I must be faithful sisters-in-law their did so

აუხირდნენ თავიანთ ქმრებს, რომ ძმას გაჰყარეს.
persisted their husbands that brother-from left [they moved to live elsewhere]

დარჩა ახლა უმცროსი ძმა სრულიად მარტო: აღარც
Was left now (the) youngest brother all desolate no

არავინ საჭმლის გამკეთებელი ჰყავდა, აღარც სახლ-კარის
one food to make him he had no one house

ყურის მიმგდები. ცოტა ხანს ერთი მეზობლის
ear throws [took care of] For a short time one neighbouring

დედაკაცი უვლიდა, მაგრამ მერე იმასაც მოცლა
woman took cake (of him) but after (a while) she too time

აღარ ჰქონდა და იმანაც თავი გაანება. კაცი ამის
not had and she too head (by himself) left (The) man of this

გამო ძალიან დაღონებული იყო.
because very upset was

ერთხელ ესე ყურებჩამოყრილი სამუშაოდ წავიდა.
Once such (so) sadly he went to work

მუშაობა რომ დაამთავრა, შინ დაბრუნდა. შეიხედა
Working when finished home came back looked

სახლში და გაოცდა: სახლი დასუფთავებულია,
into house and was surprised (the) house is cleaned

ჭურჭელი დალაგებულია, მაგიდაზე სუფრაა
(the) tableware is sorted on the table cloth

გადაფარებული და სხვადასხვაგვარი გემრიელი საჭმელია
is spread and different kinds of delicious food is

დაწყობილი. შეხედა, ბაყაყიც ისევ თავის ადგილზე
placed (He) looked frog too stll in its place

ზის. თქვა: უთუოდ ჩემი რძლები
is sitting he said (to himself) certainly my sisters-in-law

დამიმზადებდნენო და წავიდა ისევ სამუშაოდ. ეს
would make it for me and went again to work this

უმცროსი ძმა ყოველდღე სამუშაოდ დადიოდა და შინ
youngest brother every day to work went and home

რომ ბრუნდებოდა, ყველაფერი გამზადებული ხვდებოდა
when returned everything prepared was

ხოლმე.
used to

თქვა ერთხელ ამ კაცმა: მოდი, შევიტყობ ვინ არის ეს
Said once this man let's I will see who is this

უჩინარი მოკეთე, რომ ესე კარგად მივლისო. იმ
unseen benefactor that so well takes care of me That

დღეს	სამუშაოდ	აღარ	წავიდა.	იქვე	სახურავზე	დაჯდა
day	to work	did not	went (go)	There	on the roof	he seated

და	უყურებდა.	ცოტა	ხანი	რომ	გავიდა,	ბაყაყი
and	watched	(A) short	time	when	passed	(the) frog

კერიდან	გადმოხტა,	კარებთან	მიიხტუნა,
out of the fireplace	leaped	to the doors	jumped over

გაიხედ-გამოიხედა,	ნახა	-	არავინ	იყო,	გამობრუნდა
looked all around	was		no one	there was	it went

უკან,	გადაიძრო	ბაყაყის	ტყავი,	დადო	იქვე	კერაზე	და
back	took off	(the) frog's	skin	put it	near	(the) fire	and

გამოვიდა	ერთი	მშვენიერი	ქალი:	ლამაზი,	ისეთი
came	a	beautiful	woman	beautiful	so

ლამაზი,	რომ	კაცი	თვალს	ვერ	მოსწყვეტდა.
beautiful	that	(the) man's	eye	could not	detach (itself)

დატრიალდა,	ერთი	თვალის	დახამხამებაში	იქაურობა
(She) turned	of an	eye [in the blink of an eye]	in the twinkling	everything

მიაწკრიალა,	საჭმელი	ცეცხლზე	შედგა,	მოხარშა	და
had tidied	food	on the fire	placed	cooked	and

ყველაფერი	რომ	გაამზადა,	მივიდა	კერასთან,	გადაიცვა
everything	when	she prepared	went	to the fire	put on

თავისი	ბაყაყის	ტყავი	და	ისევ	კერის	წინ	დაჯდა.
her	frog's	skin	and	again	fireplace	by	sat down

კაცმა	რომ	ეს	ნახა,	ძალიან	გაუკვირდა;	თანაც
man	when	this	saw	(he was) very much	astonished	and

ძალიან	გაუხარდა	-	ღმერთს	ჩემთვის	კარგი	ბედი
exceedingly	rejoiced		God	me	good	fate

ურგუნებიაო.	ჩამოვიდა	სახურავიდან,	შევიდა	შინ,
granted	descended	from the roof	entered	home

მოუალერსა თავის ბაყაყს, მიუჯდა მერე იმ გემრიელ
caressed his frog sat down then to that tasty

სადილს და მადიანად შეექცა.
dinner and with appetite ate

მეორე დღე რომ გათენდა ეს კაცი ისევ იქ
(The) next day when morning has come this man again there

დაიმალა, სადაც წინა დღეს იყო დამალული.
hid himself when the before day was hidden

ბაყაყმაც, ჯერ დაათვალიერა, ხომ არავინ მხედავსო,
frog first looked around if nobody was seeing it

მერე გადაიძრო ტყავი და დაიწყო საქმის კეთება. ამ
then took off skin and began work making At this

დროს კაცი ჩუმად სახლში შეიპარა, სტაცა ხელი
time (the) man silently into the house stole seized in his hand

ბაყაყის ტყავს და ცეცხლში შეაგდო. ქალმა რომ ეს
(the) frog's skin and into the fire threw (The) woman when this

დაინახა, ეცა, ბევრი ეხვეწა, ბევრი იტირა -
saw rushed him very much entreated him very much wept

ცეცხლში არ ჩააგდო, თორემ სრულებით დაიღუპებიო,
into the fire don't throw otherwise all you will destroyed

- მაგრამ კაცმა თვალის დახამხამებაში ცეცხლში
but (the) man of an eye in the twinkling into the fire
[in the blink of an eye]

ჩასწვა. ახლა რა უბედურებაც გადაგხდება, ჩემი ბრალი
burnt it Now what misery you will got my fault
(you will get)

არ იქნებაო, უთხრა დანაღვლიანებული ქალმა.
(it) will not be said (the) depressed woman

მართლაც, ცოტა ხნის შემდეგ, მთელ ქვეყანას
(A) really short time after whole country

მოედო ის ხმა, რომ ამა და ამ კაცს, ესე და ესე
falls it voice that such and such man this and this
[knew]

ბაყაყი რომ ჰყავდა, თურმე ბაყაყი კი არა,
frog that had it turned out frog but not
[it turned out it was not a frog]

მზეთუნახავი ქალი ყოფილა და ბაყაყის ტყავი განგებ
beautiful woman was and frog's skin deliberately
[but a beautiful woman]

ჰქონია გადაცმულიო.
had disguised

გაიგო ეს ამბავი იმისმა ბატონმაც, შეშურდა და
Heard this case his lord too got jealous and

წართმევა მოიწადინა. დაიბარა თავისთან იმ
to take her from him wished Called to him that

მზეთუნახავი ქალის ქმარი და უთხრა: აი, ეს ერთი
beautiful woman's husband and said here is this one

ბეღელი პური და სულ ერთ დღეს უნდა დათესო, თუ
barnful wheat and all in one day you nust sow if

არადა შენი ცოლი მე უნდა მომცეო. რაღას
not your wife me you must give What

გახდებოდა კაცი, დასთანხმდა და დაღონებული სახლში
would do (the) man (he) consented and sad home
(could do)

წამოვიდა.
went

შინ რომ მოვიდა, ცოლს უთხრა: ასეა ჩემი საქმეო.

Home when came to his wife said such is my case

ცოლმა ჯერ კი უსაყვედურა: მე გეხვეწებოდი, ტყავს

His wife first but reproached him I asked you skin

ნუ დამიწვავ, შენ კი არ დამიჯერე, მაგრამ

don't burn you but (however) did not heed me but

არა უშავს, ნუ იჯავრებო. წადი დილით იმ ტბის

not (nothing) to do don't be sad Go in the morning that lake's

პირას, საიდანაც მომიყვანე და დაიძახე: დედი,

edge from where you brought me and call out mother

დედაშვილობას, მამი, მამაშვილობას დღეს თქვენი მარდი

for motherhood father for fatherhood today your swift

მოზვრები მათხოვეთ - და გათხოვებენო; შენც წაიყვანე

bullocks (bulls) lend me and they will lend and you take

ის მოზვრები და ერთ დღეში კიდეც მოხნავ და

that (those) bullocks (bulls) and in one day too you will plough and

კიდეც დასთესო.

too will sow

ქმარი ასეც მოიქცა. წავიდა, დადგა იმ ტბის

(The) husband like this did He went came to that lake's

პირას და დაიძახა: დედი, დედაშვილობას, მამი,

edge and called out mother for motherhood father

მამაშვილობას, დღეს თქვენი მარდი მოზმრები

for faherhood today your swift bullocks

მათხოვეთო. მართლაც, ტბიდან ამოვიდა რამდენიმე

lend me Really from the lake came some

ისეთი მოზვერი, რომ ზღვასა და ხმელეთზე იმგვარი
such bullocks that on sea and on land such

მოზვრები არსად იქნებოდა. წამოიყვანა ბიჭმა მოზვრები,
bullocks never would be Drove away the youth (the) bullocks

მივიდა ბატონთან, მოხნა და დათესა კიდეც.
went to the lord ploughed and sowed too

ბატონს ძალიან გაუკვირდა. აღარ იცოდა ისეთი
(The) lord very much was surprised He did not know such

შეუძლებელი რა მოეგონა, რომ იმ კაცს არ
impossible what to think that this man not

შესძლებოდა და მზეთუნახავი ცოლი წაერთვა. დაიბარა
could and beautiful wife take away (He) called him

მეორედ და უბრძანა: წადი და დღესვე, რაც შენ
a second time and ordered go and today that you

ხორბალი დათესე, ისე მომიკრიბე, რომ ერთი
wheat sowed as gather up that not a

მარცვალიც არ აკლდეს და ბეღელი ისევ აავსე, - თუ
grain is not missing and barn again fill out if

არა და შენი ცოლი მე უნდა მომცეო.
not and (then) your wife to me you must give

ეს კი შეუძლებელიაო, თქვა თავის გულში ამ კაცმა
This but is impossible said in his heart this man

და წამოვიდა ცოლთან. ცოლმა ჯერ კიდევ უსაყვედურა
and went to his wife (The) wife first again reproached him

და მერე უთხრა: წადი იმ ტბის პირსა და სთხოვე,
and then said go to that lake's edge and ask

რომ თავისი ჭილყვავი გათხოვოსო.
that own (their) jackdaw to lend you

ქმარი წამოვიდა ტბის პირს და დაიძახა: დედი,
(The) husband came to the lake's edge and called out mother

დედაშვილობას, მამი, მამაშვილობას, დღეს თქვენი
for motherfood father for fatherhood today your

ჭილყვავი მათხოვეთო. მართლაც, ტბიდან ამოვიდა და
jackdaw lend me Really from the lake came and

ამოვიდა ჭილყვავების გუნდები. დაეხვივნენ იმ
came jackdaws' flocks Flew to these

ხოდაბუნებს და სულ თითო-თითო მარცვალი მოკრიბეს
ploughed grounds and all one by one (the) seed gathered up

და ბეღელში ჩაყარეს.
and into the barn put it

ბატონი მოვიდა და დაიყვირა: აქ ერთი მარცვალი
(The) lord came and cried out here one seed

აკლია და მე თვითონ ვიცი როგორიც არის ის
is missing and I myself know how is that

მარცვალიო. ამ დროს ერთი ჭილყვავის ჩხავილი
seed at this time one jackdaw's caw

შემოესმათ, თურმე ის მარცვალი იმას მოჰქონდა,
was heard it turned out that that seed it was bringing

მაგრამ რადგან ფეხმოტეხილი იყო, ცოტა დაჰგვიანებოდა.

but owing to a lame foot was a little he was late

ბატონს ძალიან სწყინდა, რომ შეუძლებელიც კი

(The) lord very much was angry that impossible even

შესაძლო იყო იმ კაცისთვის და აღარ იცოდა, ისეთი

possible was this for man and no longer knew such

რა მოეგონა, რომ იმას ვერ შესძლებოდა.

what to think that he could not do

იფიქრა, იფიქრა და ეს ხერხი მოიფიქრა: დაიბარა

He thought thought and this plan thought called (the man)

თავისთან და უბრძანა: დედაჩემი რომ გარდაიცვალა,

to him and ordered my mother when died

თან ერთი ბეჭედი გაჰყვა, თუ წახვალ საიქიოს და

with her a ring took if will go you and

იმ ბეჭედს მომიტან, ხომ კარგი, თუ არა და

that ring you will bring me it is well if not and

ცოლს წაგართმევო.

(your) wife I'll take away

თქვა ამ კაცმა თავის გულში: ეს კი სწორად

Said this man in his heart this but really

შეუძლებელიაო და წამოვიდა. მოვიდა შინ. ცოლს

impossible is and went away came home to his wife

ყველაფერი უამბო. ცოლმა ჯერ ისევ უსაყვედურა და

everything told (The) wife first again reproached him and

მერე	უთხრა:	წადი	იმავე	ტბის	პირას	და	უთხარი,	რომ
then	said	go	to that	lake's	edge	and	ask them	that

ვერძი	გათხოვონო.
ram	to lend you

ქმარი	მივიდა	ტბის	პირას	და	დაიძახა:	დედი,
(The) husband	went	to the lake's	edge	and	called out	mother

დედაშვილობას,	მამი,	მამაშვილობას,	დღეს	თქვენი	ვერძი
for motherhood	father	for fatherhood	today	your	ram

მათხოვეთო.	მართლაც,	ტბიდან	ამოვიდა	ერთი
lend me	really	from the lake	came	one

რქადაგრეხილი	ვერძი,	პირიდან	სულ	ცეცხლსა	ჰყრიდა
with twisted horns	ram	from its mouth	all	flame of fire	issued

და	უთხრა	იმ	კაცს	-	შემაჯექიო.
and	it said	that	to (the) man		mount on my back

კაცი	გადააჯდა	და	ვერძი	ელვასავით	დაეშვა
(The) man	sat down	and	(the) ram	as lightning	descended

ქვესკნელისკენ.	ისარივით	მიდის	და
towards the underworld	like an arrow	it is going	and

მიარღვევს	დედამიწას.
is passing through	earth-through
	(descended into the earth)

იარეს,	იარეს	და	ნახეს	ერთგან,	რომ	ერთი	კაცი
They travelled	travelled	and	saw	in one place	that	a	man

და	ქალი	ერთ	კამეჩის	ტყავზე	სხედან,	ზედ	ვერ
and	woman	on one	bullock's	skin	are sitting	on	can not

73

ეტევიან და აქეთ-იქით ცვივდებიან. დაუძახა ამ კაცმა:
fit and here and there are falling called this man

რა დაგემართათ, ორი ადამიანი ერთი კამეჩის ტყავზე
what happened to you two humans (on) one bullock's skin

რატომ ვერ ეტევითო? იმათ უპასუხეს: შენისთანა
why can not fit They answered like you

გამვლელი ბევრი გვინახავს, გამომვლელი აღარავინ და,
passer many we have seen returning no one and

თუ გამოვლა გეღირსება, ამის პასუხს მაშინ გაიგებო.
if coming back you will deserve its answer then you will know

წავიდნენ ესენი ისევ თავი გზაზე. იარეს, იარეს
Went they again on their way (They) travelled travelled

და დაინახეს, რომ ერთი ცულის ტარზე ერთი კაცი და
and saw that one axe's handle one man and

ქალი სხედან და არც ვარდებიან. დაუძახა ამ კაცმა:
woman are sitting and are not falling Called this man

მაგ ერთი ცულის ტარის სიგანეზე როგორ ეტევით, რომ
this one axe's handle's on width how fits that

გადმოვარდნისაც არ გეშინიათო? იმათ უპასუხეს:
to fall you are not afraid They answered

შენისთანა გამვლელი ბევრი გვინახავს, გამომვლელი
like you passer many we have seen returning

აღარავინ და, თუ გამოვლა გეღირსება, ამის პასუხს
no one and if coming back you will deserve its answer

მაშინ გაიგებო.
then you will know

წავიდნენ ესენი ისევ თავის გზაზე. იარეს, იარეს და
Went they again on their way Travelled travelled and

ნახეს, რომ ერთი მღვდელი ხარებს აძოვებს და ისეთი
saw that a priest bulls feeding and such

გრძელი წვერი აქვს, რომ მიწაზე დაჰფენია;
long beard he has that over the ground it spread

მისდგომიან ეს ხარებიც, ბალახის მაგიერ ამ
started these bulls grass instead of this
(instead of grass)

მღვდლის წვერსა სძოვენ და მღვდელს თავის
priest's beard they are eating and priest his

თავისთვის ვერა უშველია რა. დაუძახა ამ კაცმა:
head can not help nothing Called this man

მღვდელო, ეგ რა დაგმართნია, რატომ არ მოეცლები
priest this what happened to you why don't leave

მაგ ძროხებს, წვერს სულ მოგაძოვენო? მღვდელმა
these bulls beard all they will eat (The) priest

უთხრა: შენისთანა გამვლელი ბევრი გვინახავს,
said like you passer many we have seen

გამომვლელი აღარავინ და, თუ გამოვლა გეღირსება,
returning no one and if coming back you will deserve

ამის პასუხს მაშინ გაიგებო.
its answer then you will know

წავიდნენ ესენი ისევ თავის გზაზე. იარეს, იარეს და
Went they again on their way Travelled travelled and

მივიდნენ ერთ ადგილზე, სადაც ყველგან კუპრი დუღს,
came to a place where everywhere pitch boiling

ალი ამოდის და ყველაფერს ცეცხლი უკიდია. ვერძმა
flame came from it and to everything fire is over ram

შესძახა: ზურგზე კარგა მომეჭიდე, ამ ცეცხლში უნდა
cried on my back firmly sit this through fire we must

გავიაროთო. კაცი ზურგზე მოეჭიდა; ცხვარმა ერთი
pass (The) man to (its) back held (the) sheep one

ისკუპა და ცეცხლს უვნებლად გადაურჩნენ.
leap gave and through (the) fire unhurt escaped

დანახეს, ერთი დაღონებული ქალი ერთ ოქროს ტახტზე
They saw a melancholy woman on a golden throne

დამჯდარა. ქალმა ჰკითხა, რა ამბავია, შვილო, რა
seated (The) woman asked what matter is son what

გაგჭირვებია, აქ რამ მოგიყვანაო? იმანაც დაწვრილებით
is your trouble here what brought you He in details

მოუყვა თავისი ამბავი. ქალმა უთხრა: მე ის
told his story (The) woman said to me that

შვილი ძალიან ბოროტი გამომადგა და აი, ჩემგან
child very wicked became and here is from me

იმას ეს კოლოფი წაუღე. მისცა ერთი კოლოფი და
to him this casket take She gave him a casket and

უთხრა: კოლოფს თავი არ აჰხადო, მოიუტანე ესე,
said (the) casket's cover don't open bring it

მიეცი ხელში და შენ სწრაფად გაეცალეო.
give it in the hand and you quickly run away from him

წამოიღო	იმ	კაცმა	კოლოფი	და	წამოვიდა.	მივიდა
Took	that	man	(the) casket	and	went away	(He) came

იმ	მღვდელთან,	ძროხებს	რომ	აძოვებდა.	მღვდელმა
to that	priest	cows	that	were feeding	(The) priest

უთხრა,	პასუხს	დაგპირდი	და	აი,	მომისმინეო.	მე
said	(an) answer	I promised you	and	here	listen to me	I

სიცოცხლეში	მხოლოდ	ჩემი	თავი	მიყვარდა,	სხვაზე
in my life	only	my [myself]	head	loved	for nobody else

არ	ვფიქრობდი,	ხშირად	ჩემს	ხარებს	სხვის
I did not	cared	often	my	bulls	on someone else's

საძოვარს	ვაძოვებდი	და	ის	სხვისი	ხარები
pasture	fed	and	that	other person's	bulls

შიმშილით	იხოცებოდნენ,	ახლა	კი	ყველაფერი	აქ
of starvation	died	now	but (however)	(for) everything	here

გადამხდაო.
I pay

მივიდა	ეს	კაცი	ცულის	ტარზე	დამჯდარ	კაცთან	და
Went	this	man	of the axe	on handle	were sitting	man	and

ქალთან.	იმათ	უთხრეს:	პასუხს	დაგპირდით	და	აი,
woman	They	told	(an) answer	we promised you	and	here

მოგვისმინეო,	-	ჩვენ	იმ	სოფელშიც	ძლიერ	გვიყვარდა
listen to us		we	that	in village	very much	loved

ერთმანეთი	და	აქაც	ასე	ვართო.
each other	and	here too	like this	we are

მივიდა	იმათთან,	ერთ	კამეჩის	ტყავზე	რომ	ვერ
Went	to those	one	bullock's	on the skin	that	not

ეტეოდნენ.	იმათ	უთხრეს:	პასუხს	დაგპირდით	და	აი,
were fitting	they	said	(an) answer	we promised you	and	here

მოგვისმინეო,	-	იქაც	ესე	გვძულდა	ერთმანეთი	და
listen to us		there too	like this	we despised	each other	and

აქაც	ესე	ვართო.
here too	like this	we are

ამოვიდა	ბოლოს	ეს	კაცი	ზემოთ.	ვერძიდან
Came up	at last	this	man	above (ground)	From the ram

ჩამოვიდა,	ბატონს	ეახლა,	კოლოფი	მისცა	და
(he) descended	to his lord	(he) went	(the) casket	(he) gave him	and

სწრაფად	უკან	გამოტრიალდა.	ბატონმა	კოლოფი	ახადა,
quickly	back	ran away	(The) lord	(the) casket	opened

კოლოფიდან	ცეცხლი	ამოვარდა	და	ბატონი	გადაყლაპა.
from (the) casket	fire	came	and	lord	swallowed up
					[swallowed up the lord]

დარჩა	ჩვენი	ძმობილი	ესე	გამარჯვებული	და
Remained	our	brother	as such	victorious	and

წართმევაც	ვეღარავინ	გაუბედა	იმ	მზეთუნახავი	ცოლისა.
take	no one	dared	that	beautiful	wife
[none dared to take]					

ცხოვრობდნენ	ტკბილად	და	ღმერთს	უმადლოდნენ
They lived	sweetly	and	God	thanked
				[thanked God]

მშვიდობით	გადარჩენას.
by peace	to be saved

Made in the USA
Monee, IL
02 July 2021